本书受到2017年度教育部人文社会科学研究一般项
织创新、团队创新、员工创造力的跨层次研究"（
资助。

经管文库·管理类

前沿·学术·经典

中小型企业创业型领导行为研究

RESEARCH ON THE ENTREPRENEURIAL
LEADERSHIP IN SMALL AND MEDIUM
ENTERPRISES

李蕙羽 著

经济管理出版社
ECONOMY & MANAGEMENT PUBLISHING HOUSE

图书在版编目（CIP）数据

中小型企业创业型领导行为研究/李蕙羽著 . —北京：经济管理出版社，2023.11
ISBN 978-7-5096-9456-5

Ⅰ.①中…　Ⅱ.①李…　Ⅲ.①中小企业—企业管理—研究—中国　Ⅳ.①F279.243

中国国家版本馆 CIP 数据核字（2023）第 217937 号

组稿编辑：王　洋
责任编辑：王　洋
责任印制：许　艳
责任校对：王淑卿

出版发行：经济管理出版社
　　　　　（北京市海淀区北蜂窝 8 号中雅大厦 A 座 11 层　100038）
网　　　址：www.E-mp.com.cn
电　　　话：（010）51915602
印　　　刷：唐山玺诚印务有限公司
经　　　销：新华书店
开　　　本：720mm×1000mm/16
印　　　张：12
字　　　数：188 千字
版　　　次：2023 年 11 月第 1 版　　2023 年 11 月第 1 次印刷
书　　　号：ISBN 978-7-5096-9456-5
定　　　价：98.00 元

前　言

VUCA 时代，快速迭代的技术、迅速革新的商业模式、难以预料的突发公共事件以及世界地缘政治的争端，使得全球商业环境风险增加、预测能力下降、行业边界消失以及跨行业新业务领域出现，竞争格局不断变动，企业面临的商业环境越来越复杂和不确定，在这样的环境下，只有具有创业和创新精神的企业才能灵活应变、抵御危机、维持生存与不断发展。创业型领导应运而生。对中小企业而言，一名创业型领导能带领组织准确识别和及时把握商机，整合各种资源，追求突破和成功，帮助企业可持续发展。因此，创业型领导的研究显得极其重要。那么，创业型领导行为会受到个人特质、环境因素的哪些影响？创业型领导行为对员工的工作行为、员工个人特质会产生什么影响？具体来说，哪些因素会影响创业型领导行为？创业型领导如何影响员工的创造力、员工的工作激情？等等。

自 2014 年 9 月李克强总理提出"大众创业、万众创新"以来，大学生群体成为创新创业的生力军，他们创业成功并可持续发展需要创业型领导行为的加持。因此，大学生的创业型领导行为的培养极其重要。大学生正处于大好学习新事物时期，个体的学习能力与创业行为的关系是怎么样的？有哪些因素会影响大学生创业领导力的形成？等等问题也亟须探明。

基于上述背景，笔者申报了教育部人文社科项目"中国情境下创业型领导对组织创新、团队创新、员工创造力的跨层次研究"，并获得了 2017 年的立项。本书就是在该项目研究的基础上撰写而成。

本书围绕创业型领导的影响因素、创业型领导对员工工作行为的影响，以及大学生创业型领导行为的习得等问题，以问卷调查、访谈为主要研究方法，对425个创业型中小企业工作团队开展了系列调查，获得团队数据400多份，员工个体数据6000多份，其中特别访谈了35个创业型中小企业的创始人（CEO）、高管、中层领导代表、员工代表。调查的企业样本涉及各行各业，规模基本以中小型企业为主。

本书整体架构为前言、正文、附录三部分。正文分为八个章节，包含三个方面的内容：一是探讨创业型领导的前因，包括领导创业自我效能、领导创业意愿等对于创业型领导行为的影响；二是探讨创业型领导对于员工和团队的影响结果，包括创业型领导对于员工工作激情、员工创造力等的影响；三是探讨大学生群体创业领导行为的前因、大学生创业行为与学习能力的关系研究等。这些研究基于大量的一手调查数据，采用科学实证的研究方法，对创业型领导行为的前因后果进行了研究。附录包含创业公司高管访谈提纲和3个创业型领导访谈案例。

本书的形成，历经疫情防控期间的困顿、焦虑，其中多次面临调查被迫中断等诸多挑战，如今终于可以告一段落。一路走来，实属不易！幸运地得到了多位同仁、小伙伴的鼎力相助，在此一并致谢：感谢南京大学李野助理教授、博士在研究架构方面的贡献，感谢桂林航天工业学院梁欢欢博士在数据收集方面的付出，感谢桂林航天工业学院曾佳老师、广西崇左幼儿师范高等专科学校的吴秋玲老师的鼎力相助，也感谢桂林航天工业学院数据科学与大数据技术专业2020级秦梓铭同学在数据处理方面的付出。

由于作者水平有限，加之编写时间仓促，书中错误与不足之处在所难免，恳请广大读者批评指正。

2023 年 10 月 18 日

目　录

第一章

绪　论

一、创业型领导研究的现实背景

1. 为什么创业型领导及研究很重要?

VUCA[①] 时代,百年未有之大变局,外部环境的快速变化,全球商业竞争的加剧,资源稀缺加剧及获取难度的增加,大量新企业的诞生以及成熟企业的再创业都在不断颠覆市场竞争的格局,通信、餐饮、出行、金融等传统技术、模式、方式不断被颠覆,带来的挑战前所未有,需要企业能具备快速应变的能力,促使企业具备有效的领导力以引导企业准确识别和及时把握创业机会,将其转化为新的技术、产品或服务以及开拓新的市场,即通过创新实现机会开发、价值创造与创业成功。如何让企业在目前外部环境之下可持续成长,成为紧迫的命题。而一个企业的创立、成长,关键在于企业的带头人,其创业精神如何决定着企业能否发展、壮大。

针对前述实际背景,学界在融合创业和领导理论的基础上,提出一种具有创业者与成功领导者特征的创业型领导(Zaech & Baldegger,2017),指通过构建愿景获得下属承诺,激励下属强化机会识别和优势搜寻行为,将机会转化为价值创造,其强调在不确定环境下引领企业发掘创业机会、持续变革创新,从而实现组织愿景与创业目标(Gupta et al.,2004;Fernald

---

① VUCA 是 Volatlity(易变性)、Uncertainty(不确定性)、Complexity(复杂性)、Ambiguity(模糊性)的缩写。

et al.，2005；王弘钰和刘伯龙，2018）。创业型领导是应对动态复杂环境的有效领导力，有利于改善组织绩效、创新行为和机会识别等（Bagheri，2017；Wu et al.，2021）。作为一个新兴研究课题，创业型领导对不确定环境下企业的良性成长和可持续发展具有重要现实意义，因而获得学者的日益关注和探索。

创业型领导响应了当前企业对领导者创业精神的呼吁，聚焦于寻找创业机遇、营造创业氛围，引领企业实现持续变革与创新。创业型领导强调持续地寻求创业活动，通过时刻审视市场变化用创造性的视角看待问题以发觉创业机会、通过鼓励和培养下属创新和创业行为实现创造机会，并成功引领下属共同努力将机会转化为价值创造，从而使企业得以持续发展。创业型领导时刻站在创业者的角度面对企业的发展问题，以推动企业不断创造新的价值为目标，持续推动组织创新，敏锐地发掘和创造新机遇，来应对当今市场环境的不确定；同时，帮助企业识别和开发创业机会，将创新创业的思想和精神传递至整个组织。而中国企业管理者在这方面存在着不足：《全球创业观察（GEM）2017/2018中国报告》表明在全球54个参与调查的国家中，中国企业管理者的创业精神（第37名）、创业能力感知（第52名）、机会感知（第39名）等多项指标均未能达到平均水平，反映出国内企业管理者普遍存在创业意识、能力和积极性匮乏的问题。

尽管学者们从创业型领导对个体层面和组织层面的影响已取得了一定的成果，如创业型领导能有效提高员工的工作满意度，创业自我效能感，以及对员工的组织承诺，增加员工的创新行为，提升员工个体的主动性及工作绩效，从组织层面来看，可以提高企业的持续增长能力，促进企业创新活动的开展，进而提升组织的绩效。但是，国内创业型领导的相关研究仍处于初期起步阶段，对于创业型领导力的研究主要是总结国外研究成果、研究创业型领导理论与其他领导理论的联系与区别、探究创业领导理论未来的发展方向。

基于此，要加快企业成功创新创业的步伐，保障中国经济的持续稳步增长，亟须加大中国情境下创业型领导的深入研究。

2. 研究的理论和实际应用价值

（1）理论价值：国外对创业型领导的研究有将近三十年历史（Kuratko，2007），而国内对创业型领导的关注仅十年有余，处于起步阶段（王重鸣和阳浙江，2006）。通过本书的研究，一是初探创业型领导的前因：个人与环境因素的影响，包括领导创业自我效能对于创业型领导行为的影响，领导创业意愿对于领导创业型领导行为的影响；二是初探创业型领导对于员工和团队的影响结果，包括创业型领导对于员工工作激情的影响，以员工工作激情作为因变量，探索创业型领导对于工作激情的主效应及两个边界条件等；三是初探大学生群体创业意向、创业行为与创业型领导的关系，包括大学生创业领导行为的前因探究，韧性对于创业意向的双重路径作用等；四是通过对中小企业高层管理者的访谈，呈现中小企业创业型领导的典型案例。揭示"大众创业、万众创新"背景下，丰富、补充、完善国际上关于创业型领导的研究，揭示新创企业中不同层面创新行为之间的互动作用，为目前国内外的创新型领导研究提供一个多层次的、系统的、跨层联系的理论视角，同时为大学生创业行为的研究提供理论依据。

（2）实际应用价值：在"大众创业、万众创新"背景下，本书试图从领导力与多层次创新视角探索打破新创企业"短命魔咒"的解决方案。具体而言：

一是中国情境下创业型领导的研究，不仅有利于新创企业甄选、配置合适领导者，还可促进创业者教育的针对性开展。

二是可以指导新创企业领导者采用恰当方式促进企业及时、持续、全方位创新去应对动态性、不确定性、挑战性的外部环境，实现以创新为企业竞争资本的生存与发展。

三是利于创业者搭建合适团队，有效整合团队多样性，提高团队的创新产出，进一步为企业创新提供中观层面的活力源泉。

四是能够帮助创业者营造自上而下的创新氛围，激发员工创造力，为团队创新、企业创新提供养料，释放人力资本潜在价值。

五是可为创业者、创业管理者、创业公司提供管理建议，提升管理效能，为新创企业向公司型企业转型提供管理支撑；基于研究成果的政策建议可以递交国家有关部门，对企业创新进行指导、干预，为"大众创业、万众创新"提供落地机制，促进新常态经济的稳健发展与持续繁荣。

二、目前国内外研究的现状和趋势

1. 创业型领导的概念及测量

创业型领导（Entrepreneurial Leadership）作为新兴的领导力范式，显著区别于已有领导力研究（Fernald et al.，2005）。学界从能力观和行为观两种视角对创业型领导进行界定。尽管还存在争议，目前国际上广为接受的创业型领导的定义为"通过主动创造愿景来激励下属致力于发现和创造战略价值，并动员和赢得下属的支持"（Gupta et al.，2004）。国内学者的定义为"旨在应对高度不确定性的竞争环境，引领创业组织变革，并通过影响下属承诺，强化机会识别和优势搜寻行为来实现创业愿景的行为特征组合"（杨静，2012）。由此可见，国内外学者都强调创业型领导具有持续创新的核心使命。

目前，关于创业型领导的结构维度，Gupta 等（2004）的跨文化模型指出，创业型领导包含"情境角色"（掌控挑战、吸收不确定性、指明路径）与"任务角色"（构建承诺、阐明约束）两个维度。Siddiqui（2007）对印度地区男性创业者的研究，发现创业型领导由智力、神经、行为、任务、下属和身体因素等七个要素构成。Hejazi 等（2012）和 Agbim 等（2013）借鉴创业、战略管理和领导力的研究，提出并验证了创业型领导的四维度模型，包括个人、沟通、战略和激励因素。国内杨静和王重鸣（2013）从创业者性别视角切入，发现女性创业者领导行为包括变革心智、培育创新、掌控风险、整合关系、亲和感召和母性关怀六个维度。杨静的六因素创业型领导模型在一定程度上揭示了中国情境下创业型领导可能具有的特征，然而局限于女性领导性别视角也可能忽略了中国情境下创业型领导跨越性别的共性因素。综上，目前关于创业型领导内涵的研究多局限于某一国家地区或者某一性别，代表性不强，欠缺外部效度。虽然有学者从跨文化角度对创业型领导的共享因素进行了初步探索，但却无法解决中国特有的经济、政治、文化、社会环境下创业型领导所面对的具体问题。由此，从一个更全面的性别视角出发，厘清中国本土的创业型领导内涵，开发适用于中国本土的创业型领导问卷具有非常重要的学术研究意义与实践指导意义。

2. 创业型领导的前因研究

目前，国内外关于创业型领导的研究大多集中在结果影响方面，对前因研究相对较少，且比较单一。例如，Devarajan 等（2013）运用质性的案例分析法研究高科技行业中，高管团队的创业型领导行为有利于组织创新，进而有利于组织成功。李华晶等（2006）从逻辑演绎的视角推断创业型领导有利于企业创新。Chen（2007）通过对中国台湾地区 112 家高科技创业公司的调研发现，创业型领导和创业团队共同促进了新创企业专利的开发。国内外学者发现创业型领导对于创业组织绩效（Ensley et al.，2006；Darling et al.，2007；Hmieleski & Ensley，2007；Ruvio et al.，2010；杨静和王重鸣，2013；Haynes et al.，2015；Mgeni & Nayak，2015；Sutanto & Eliyana，2015；金雄等，2016；张翔等，2016）、组织成长（Mapunda，2007；符健春等，2008；Ng & Thorpe，2010；Freeman & Siegfried，2015；Koryak et al.，2015）、组织人力资本和社会资本（Ya-Hui & Jaw，2011；Haynes et al.，2015）、组织学习能力（Sutanto & Eliyana，2015；张翔等，2016）、组织竞争力（Ya-Hui & Jaw，2011）、企业家精神（张翔，2016）、战略柔性（张翔等，2016）具有积极影响。但是，创业型领导的形成机制研究几乎空白。目前，仅发现刘伯龙（2019）研究了成就动机、创业创造力、组织地位感知与环境不确定性感知对创业型领导的形成起作用，同时发现内部因素比情境因素更能影响创业型领导的形成。可见，创业型领导形成机制探讨还远远不够，需要进一步深入探讨。

3. 创业型领导对于员工创造力、团队绩效等的影响

目前国内外鲜有研究探讨创业型领导和团队创新之间的关系，相关研究只有两个。第一，Chen（2007）采用中国台湾地区的高科技企业为样本，证明了创业型领导对于创业团队创新的积极影响。第二，Hu 等（2014）研究了创业型领导对于团队创新的影响，揭示了团队心理安全感的中介作用。总体而言，目前学界除探讨创业型领导对于高管团队创新的影响外，关于创业型领导如何影响一般团队的绩效还处于空白的状态，对于创业型领导影响团队绩效的中介机制和边界条件都亟须阐明。

员工的创造力是创新的基础，但是目前国内外还没有研究探讨创业型领导对于员工创造力的跨层次影响。国内外学者关于创业型领导影响员工创新的新近研究为探究员工创造力提供了借鉴。类似的研究有三个：第一，Yang（2016）探讨了女性创业型领导行为对员工创新的积极影响；第二，Kang 等（2015）在新创企业中探讨了变革型、交易型领导对中层经理创新的影响，但并未说明创业型领导对于员工创造力的影响；第三，陈文沛（2015）采用281 家中国企业数据，研究了创业型领导对于员工创新的影响，并指出心理授权、创新氛围、领导成员交换均可起到中介作用。此外，国内外学者探讨了创业型领导对其他员工结果变量的影响，如组织公民行为（Todorovic et al.，2007）、员工变革承诺、主动性行为和领导成员交换（杨静和王重鸣，2013）、员工组织承诺、工作满意度和情绪智力（李恒等，2014）。可见，关于创业型领导如何影响员工创造力的研究还处于空白状态，未来亟须研究探明创业型领导对于员工创造力的影响结果及其作用机制。

4. 大学生群体创业意向、创业行为与创业型领导

大学生群体是国家未来创新创业的生力军，激发其创业意愿、创业行为意义重大。而作为高校的责任不仅在于激发大学生产生创业的意愿，付诸创业行为，更要关注他们创业的可持续发展，基业长青。因此，大学生是否具有、如何培养创业型领导行为也就具有巨大的研究价值。在以往关于大学生

创新创业的研究中，大多关注公司创业学习、创业政策、创业意愿、动机激发等方面，大多聚焦在校内公司创业学习视域下大学生获取、积累和应用创业知识的过程，而对影响企业将来可持续发展的创业型领导行为却鲜有关注。因此，探索大学生创业意愿、创业行为及创业型领导行为的关系及其作用机制，亟须关注。

5. 现有研究评价及未来趋势

综上所述，目前国内关于创业型领导的研究还停留在概念内涵和测量工具探讨阶段，多数学者只关注其对组织绩效的影响，对于创业型领导行为的形成机制关注不够。鲜有学者探讨创业型领导的形成机制，对于影响机制和边界条件需要深入细化。此外，关于创业型领导影响团队绩效、员工创造力的研究也鲜有研究，更重要的是，作为未来创新创业的生力军——大学生的创业型领导行为的研究更是处于空白状态，亟须对大学生的创业型领导行为的前因做深度的研究。

三、本书要解决的研究问题

本书主要探索创业型领导的前因：个人与环境因素的影响，创业型领导对于员工和团队的影响结果，以及大学生群体创业意向、创业行为与创业型领导。

1. 研究目标

本书研究拟达到以下三个目标：在理论层面，构建中国情境下创业型领导与团队绩效、员工创造力之间的理论模型，探讨创业型领导对于员工创造力、团队绩效等的作用机制及边界条件，对大学生的创业型领导行为的前因做深度的研究。在实证层面，运用多时点调研问卷，比较不同组织中创业型领导、团队绩效、员工创造力的分布情况，验证所建构的理论模型中变量关系之间的关系假设，揭示创业型领导、员工创造力、员工工作激情、员工内在工作动机、团队氛围、工作环境对于创业组织多层次创新的协同作用机理。在政策层面，基于实证分析的结论，探明创业型领导的前因，提出创业型领导的培育策略，提出创业型领导促进大学生创新创业的相关建议；同时，要推动创业型企业的转型，提高创业型组织的繁荣发展，进而为开展"双创"奠定商业基础。

2. 研究内容

本书研究以中国情境下创业型领导为研究对象，分别探讨：

（1）创业型领导的前因：个人与环境因素的影响，包括领导创业自我效能对于创业型领导行为的影响，领导创业意愿对于领导创业型领导行为的影响。从微观层面着手，探讨个人与环境因素对创业型领导的影响，明确创业型领导的形成机制，进而能够帮助个体形成独特的创业型领导行为，为企业获取难以复制的、持久的竞争优势。基于国内外现有理论，从领导工作（创业）激情、创业自我效能、创业意愿、工作不安全感等个体因素进行探索。

（2）创业型领导对于员工和团队的影响结果，包括创业型领导对于员工工作激情的影响，以员工工作激情作为因变量，探索创业型领导对于工作激情的主效应及两个边界条件等。在微观层面，基于个体资源保存理论，创业型领导对于员工而言是一种非常宝贵的工作资源，员工会将创业型领导这种外在的情境资源转化为内在的工作旺盛感心理资源，为发挥自身的创造力提供资源储备。

（3）大学生群体创业意向、创业行为与创业型领导的关系，包括大学生创业领导行为的前因探究等。学习活动是个体适应社会、获取和创造新资源、求得生存和发展的必不可少的社会活动，那么，个体的学习能力是一项最基本的生存能力。因此，学习能力必然成为影响创业行为的重要变量。现有的大学生创业研究大多聚焦在校内公司创业学习视域下大学生获取、积累和应用创业知识的过程，倾向于关注创业知识的狭义的学习，而未升华至可持续发展、通用性、基础性的学习能力层面。因此，基于社会学习理论，将探讨大学生学习能力与创业行为之间的关系及其作用机制。

另外，要研究如何有效激发和培育大学生的创业领导行为，必然要厘清什么因素能导致创业型领导行为，因此，结合已有的研究，将探索成就动机、乐观等对大学生创业型领导行为的影响机制。

（4）通过对中小企业高层管理者的访谈，呈现 3 位中小企业创业型领导的访谈案例。

3. 研究重点

本书的研究重点：第一，基于中国情境下创业型领导的具体内涵，分别探清创业型领导的前因，以及其对于员工和团队的影响机制，并细化影响中的边界条件，构建关于创业型领导和员工、团队之间关系的互动模型。第二，基于理论模型的实证研究成果，回归到中国商业生态和创业型组织的管理一线，从创业型领导视角为创业型组织的持续创新提出切实可行的管理建议。第三，大学生群体创业意向、创业行为与创业型领导的关系，包括大学生创业领导行为的前因探究等。

4. 拟突破的难点

调研数据收集。充足且有代表性的样本是保证研究结论内部效度和外部效度的基础。本书中的模型需要分别以企业、团队、个人为单位进行数据采集，由于缺少相关变量的宏观二手数据，研究必须联系一定数量的、具有代表性的创业型组织进行多轮问卷调查。对此，将严格设计调查方案，严谨执行调查程序，依托与相关创业孵化园的良好合作关系开展实地访谈与问卷收集工作，提高数据的回收数量与回收质量，保证研究结果的精确度与可信度。

四、本书的编排框架

本书共分为八章，中小企业访谈部分放于附录当中。具体如下：

第一章　绪论

第二章　领导创业自我效能对于创业型领导行为的影响——工作不安全

第二章

领导创业自我效能对于创业型领导行为的影响

——工作不安全感的调节作用

一、引言

随着国家社会主义改革与发展的不断推进，我国正向创新强国迈进。在"十四五"规划中提到要"推进创新创业创造向纵深发展，优化双创示范基地建设布局"，进一步提升国家创新创业势头。在加快创新创业道路上，社会、经济环境的不断变化增大了企业生存和发展的难度，企业急需具有更强变通性的领导者在波动的大环境中找准方向与解决问题，而创业型领导则与该需求十分契合。

创业型领导是指在复杂和不确定的环境中擅长寻找机会和创造性地解决问题，并可以持续创新和变革的领导方式（Gupta et al.，2004）。创业型领导者具有敏锐的洞察力，能不断调整自身的工作方式以适应复杂多变的环境，并通过构建愿景，鼓励与号召员工们寻求机会与创造性地解决实际问题。既往研究中已证实创业型领导能在组织的不同层面具有积极的影响作用，如提升组织绩效（Sawaean & Ali，2020）、创业绩效（李明华，2011；Huang et al.，2014）与组织创新活动（Paudel，2019），优化团队创造力（Mehmood et al.，2021）以及促进员工创新行为（Newman et al.，2018）和员工工作投入（柯江林和丁群，2020）等。然而，目前对创业型领导的研究主要聚焦在测量工具的开发与完善及其影响上，鲜有研究探究其前因变量的作用方式及如何提升创业型领导行为。

社会认知理论认为，人的动因在"认知—环境—行为"的三元模型中相互影响及作用（Bandura，1986），即个体基于已有的认知状态，在具体的环境中会有与之相符的行为表现。自我效能感经常作为认知因素而引入到该模型中，当它置于创业管理环境时可称为创业自我效能感，是指个体能够成功扮演和完成创业者角色任务的信念强度（Scherer et al.，1989；Hsu et al.，2019）。众多研究表明创业自我效能感对创业意向（Chen et al.，1998；De Noble et al.，1999；Hao et al.，2005；Sequeira et al.，2007；丁明磊等，2009）及创业行为具有积极的预测作用和影响（Boyd & Vozikis，1994；Jung et al.，2001），但其与创业型领导行为的相互关系如何还尚未明晰。

早前，已有学者研究发现创业型领导能够通过团队和员工的创新效能感的中介作用对团队和员工的创造力产生积极影响（Cai et al.，2019），同时，还发现创业型领导能在创造力自我效能感和创新行为之间起到正向调节作用，并且其调节作用显著高于变革型领导与参与型领导（Newman et al.，2018）。而创新、创业、创造力都具有共同的特点，即推陈出新，具有变革力，因此可推测，创业自我效能感或将对创业型领导行为具有正向影响，通过提升领导者的创业自我效能感从而提高创业型领导行为发生的频率。

在领导者的创业自我效能感—创业型领导行为的路径上，还缺少环境因素的考量。创业型领导方式强调领导者对环境的复杂与不确定性因素能较快地识别、调整及适应，行动的动因在很大程度上受领导者对环境的客观分析和主观认知影响。客观分析是指对环境现状的识别，是环境的客观状态，而主观认知是基于客观信息，个体对此信息的意义理解与解释。不确定或不稳定的环境会让个体感知到不安全感，而工作不安全感可在一定程度上表明个体对环境状态的主观体验。若工作不安全感较强，则体现了环境存在一些威胁因素，它们可能是复杂性、不确定性或不稳定性的因素，这或许会对创业型领导行为产生一定影响，它作为环境因素可置于模型中做具体讨论。

综上所述，本章的研究主要探究创业自我效能感对创业型领导行为的作用关系，并基于社会认知理论，探讨工作不安全感在此路径中的调节作用。

二、文献综述和研究假设

1. 创业自我效能感与创业型领导行为

自我效能感（self-efficacy）由心理学家 Albert Bandura 于 1977 年首次提出，它是指个体对于能否利用所拥有的技能去完成某件事的自信程度（Bandura，2002），即个体经过对环境、任务等相关因素的评估后，对个人能力的把握程度及对结果是否成功的预判。自我效能感是基于 Bandura 的三元交互决定论而提出的，即个体的行为过程受到个体、环境与行动三者的相互影响，他认为自我效能感能够作为认知与行为的中介变量，起到重要的决定作用（周文霞和郭桂萍，2006）。由于自我效能感并不是固着于个体相对稳定的个性特质，而是针对具体的任务、环境不断变化，受外界影响较大的因素，所以在讨论它时需要结合特定的领域进行分析。

基于创业领域研究而提出的创业自我效能感（Entrepreneurial Self-Efficacy）是指创业者相信自己能够胜任不同创业角色和任务的信念（Chen et al.，1998），它能够反映出个体对自身的信心及期望度（李朔等，2020）。与其他领域的自我效能感一致的地方在于，它们都对行为的动机及行为过程、结果具有一定的预测性与影响性，同时，高自我效能感往往能促进符合该领域要求的积极行为的产生，并在相同环境下，高创业自我效能者会认为该状况下充满机会，而低创业自我效能感者则认为充满代价和风险，并不太愿意积极面对与解决问题，表现更多被动性的、消极的行为（De Noble et al.，1999）。基于此，创业自我效能感可以用来预测创业行为的选择、维持和结果（丁明磊等，2009）。正是由于创业自我效能感对行为的预测性，它可以成为潜在创业者真正开始创业的重要先决条件，尤其在工作环境充满风险与不确定性的情境下，创业自我效能感的作用会得以凸显（Chen et al.，1998）。

当前，对创业自我效能感的研究主要集中于三个方面：一是对其概念、维度、量表进行完善与开发的基础研究，该部分的观点仍未达成统一；二是探索如何影响其变化的前因变量研究，如已发现性别、公司创业学习、个体及团队成员的经验和学习能力等皆可对创业自我效能感产生不同程度的影响（Wison et al.，2007；Karlsson & Moberg，2013；Kasouf et al.，2013；Dianna & Jennings，2014）；三是其如何作用于其他因素的结果变量研究，如已有相关研究证明了创业自我效能对创业意向具有直接正向影响（Chen et al.，1998；De Noble et al.，1999；Jung et al.，2001；范巍和王重鸣，2004；Hao Zhao，2005；王重鸣和阳浙江，2006；丁明磊等，2008；汤明，2009），并表明具有高创业自我效能感更不畏惧环境的变化带来的风险与挑战，他们更积极面对并主动思考解决办法，而低创业自我效能感者更害怕糟糕情况的到来，认为自己没有信心与能力能够处理好该情境下的任务，表现出更多的逃避行为。较多的学者将目光聚焦于结果变量的研究中，但他们更多地将创业自我效能感作为调节变量或中介变量，并且主题为创业自我效能感与创业意向、创业绩效的研究较多，极少探究其与行为之间的作用关系。

创业型领导者是创业领域与领导领域的交叉研究的产物，是具有创业者特征与成功领导者特征的领导力集合体，它是指"创造一个愿景，以此号召、动员下属，并使下属承诺对战略价值创造进行发现与探索的一种领导方式"（Gupta et al.，2004），即在不确定性环境中，领导者敢于面对风险，通过主动建立愿景、寻求创业发展机遇，来鼓励下属进行革新行为以实现最优绩效，并最终达成组织目标的领导过程（王重鸣和阳浙江，2006）。它与变革型领导、魅力型领导和愿景型领导等的区别在于，更强调在不确定环境的适应与变革，与战略高度相关，并注重鼓励与带领下属进行创新创业行为（杨静，2012）。对于环境变化带来的挑战性与风险性，创业型领导者会表现出更多积极的主动变革行为，并期待通过自身领导力的影响，带领下属开辟新的工作模式以更好地适应环境。

创业型领导目前已被多名学者证实它能够给组织带来更多的活力、更强的风险应对能力和更多积极员工行为。例如，Chen（2007）通过对中国台湾地区 112 家高新技术新创企业的研究发现，强创业型领导及创业团队具有高创造性可以对企业的创新能力产生协同效应，促进其提升；黄胜兰（2015）收集了 168 家中国新创企业的数据，并从创业型领导的多个维度分析得出创业型领导能够直接正向影响新创企业绩效的结论；李朔等（2020）通过实证研究发现创业型领导对员工创新行为存在显著积极影响，同时创新自我效能感和组织认同在创业型领导对员工创新行为路径中具有中介作用。研究者们较多聚焦在创业型领导对其他因素的影响路径研究，较少探讨创业型领导行为的前因变量，那么既然创业型领导对组织能够产生如此的积极影响，了解如何提升创业型领导行为的发生概率就成为研究焦点。

当前，已发现个体因素（人口学变量、人力资本、价值观）和环境因素（社会情境、组织情境）可对创业型领导行为产生影响，如个体因素中，成就动机越高越能促进创业型领导行为的发生，并且它还能降低创业领导者对竞争压力的感知（Nasution，2010）。动机心理学认为高风险和高不确定性的成败事件容易激发高的成就动机，而成就动机是基于对自我能力的认知而追求成功的倾向，这与创业自我效能感有相似之处，同时也与创业型领导在创业活动中所面临的环境状态相符（刘伯龙，2019）。创业自我效能感作为一般自我效能感在"高风险、高不确定性的创业环境"中诞生的产物，它能预测创业意向与行为的发生。研究表明，创业自我效能感高的创业者更具有创业积极性（周烁等，2020），同时更有信心抵御风险，并能积极乐观地面对创业过程中的压力与困难。而这种积极情绪及自我认同感同样能够让个体在面对复杂、不确定性和不稳定的环境时更积极、活跃地投入到问题解决中，且通过自身的行为传播。

综上所述，本研究提出以下假设：

H1：创业自我效能感对创业型领导行为具有显著正向影响。

2. 工作不安全感的调节作用

工作不安全感（Job Insecurity）最早由 Greenhalgh 和 Rosenblatt 于 1984 年提出，它是指"在具有威胁的工作情境下，对保持工作连续性所感知到的无能为力"。随着研究的深入，学者们已达成共识：工作不安全感是一种主观体验，即个体根据自身的认知、理解所得出的个人感受（De Witte，1999；胡三嫚，2007；马冰等，2022）；以及它是针对未来可能发生的具有伤害性或破坏性的事件的预期感受，即这种不安全感来自对未来事件的预估，而非当前的状态。本研究中的工作不安全感指个体通过感知工作环境中的威胁，产生对工作是否能够存续和是否具有风险性的不安、焦虑、担忧的内心状态，是员工的一种主观感知（Sverke & Hellgren，2002；周浩和龙立荣，2011）。

工作不安全感可被拆分为三个部分：一是环境威胁；二是个人感知；三是情绪唤起。环境威胁是工作不安全感的诱激物，它的种类较为丰富，Jacobson 和 Hartley（1991）认为威胁可分为独立于人的和因人而异的，独立于人的威胁是指非个人因素导致的失业因素，即工作岗位存在风险性，不论谁来做这份工作都无法避免该风险；而因人而异的威胁是指非岗位本身的，由于个人原因所导致的无法继续从事该工作的情况。后来学者 Shoss（2017）支持了该理论，认为威胁来源可分为工作岗位本身与员工自身的风险事件（马冰等，2022）。组织外部环境或将成为环境威胁中的"独立于人的威胁"，如经济萧条、时代更迭和行业变化等；而组织内部环境及个人因素可成为"因人而异的威胁"，如组织竞争文化和严格的考核制度等（马冰等，2022）。当威胁存在时，是否会产生相应的情绪，需要依靠个人感知（冯冬冬等，2008），即当个体能够感知到该威胁时，威胁的存在才会对个人产生影响；同时，每个人对威胁的理解存在不同，同种威胁对于不同人的影响力也是不同的。这种感知的个体差异会导致情绪唤起时的程度有所不同，有人感知到威胁后认为无关紧要，有人会情绪激动地产生很多负面情绪，而有的人可能会因对自身能力的自信，激发出更多积极情绪，乐于面对威胁且不惧怕。

工作不安全感所带来的情绪体验会对人们的行为产生不同的影响。大部分学者认为工作不安全感会产生消极情绪，表现为压力、焦虑、不安、悲伤等，这些消极情绪会带来消极反应并对组织效率产生消极影响（Greenhalgh & Rosenblatt，1984），如会降低员工的满意度并产生高的离职倾向（Ashford et al. , 1989；Davy et al. , 1997），降低员工的组织承诺水平（Rosenblatt et al. , 1999），降低个体与组织的工作绩效（Chirumbolo & Hellgren，2003），还可能损害员工的身心健康（Sverke et al. , 2002）等。但也有部分学者认为工作不安全感并不会对工作满意度、组织承诺、工作绩效带来显著负向影响（Sverke & Hellgren，2001；Feather & Rauter，2004），工作绩效有时反而能被提升（Wong et al. , 2005）。

在创新行为研究中，也出现了这样分化的观点——研究者们认为工作不安全感可对创新行为造成负向、正向和曲线影响关系的结果。持负向影响观点的研究者们普遍认为工作不安全感会导致员工无心工作、积极性降低，从而减少创新行为的产生（De Spiegelaere et al. , 2014；朱朴义和胡蓓，2014；Jiang，2018；Niesen et al. , 2018；Hootegem et al. , 2019）；持正向影响观点的学者认为工作不安全感可能成为创新行为的助推剂，为了缓解负面情绪及避免可能存在的失业情况而努力工作，向组织证明自己的价值（刘淑桢等，2019；马冰等，2022）；此外，部分学者认为工作不安全感与创新行为应该是"倒 U 形"的关系，处于中等水平的工作不安全感的员工会有最高的创造力（周浩和龙立荣，2011；杨付和张丽华，2012）。综上所述，工作不安全感对情绪、行为的影响需要结合具体的情境做分析，且结论可能会存在不同，有消极的影响也有积极的影响。

领导的工作不安全感可能来源于复杂和不稳定的外部环境，以及竞争激烈、绩效要求较高、动荡不稳定的内部环境，领导们对于相同因素会有不同的个人体会、认知与情绪唤起。由于创业型领导者善于面对不确定和复杂多变的环境，并表现出积极寻求解决方案、谋求和创造机会的行为，加上当个体具有越多积极自我信念（自我效能感）时，对于压力的体验就会越少，即使在面临巨大压力时，也可以缓解其造成的负面影响（冯冬冬等，2008），这在一定程度上也支撑了认为"工作不安全感能促进创新创业行为"的学者的观点。虽然，有研究表明领导的工作不安全感会导致提供给员工的支持和资源更少，从而对员工职业自我效能感产生显著负面影响，同时，具有高工作不安全感的领导可能会通过降低工作投入、改变组织信任及承诺的方式来保护自身的资源，导致他们忽略了作为领导的工作职责（Davy et al.，1991；Heaney et al.，1994；Dekker & Schaufeli，1995；Probst，2005；Désirée et al.，2016；Selenko et al.，2017）。但这些研究讨论的背景多为一般环境，且因素较为单一，当研究对象为创业型领导者，且将自我信念即创业自我效能感纳入其中来考虑时，或有另一种结果。

当环境充满威胁与挑战时，领导者处于高工作不安全感的状态下，具有高创业自我效能感的领导者会表现更多的创业型领导行为，以此来积极应对不安全感和危机环境带来的情绪性及事务性问题，同时乐于从中寻找自身的价值感和成就感；而具有低创业自我效能感的领导者在处于该情境时，会为了保全自身的利益、资源并能长期留存于组织中，规避高不安全感，而迫使其表现更多创业型领导行为，证明自身的能力与对组织的贡献和价值，以此缓解该危机。换句话说，高创业自我效能感和低创业自我效能感的领导者都能在高工作不安全感状态下，表现出比以往更多的创业型领导行为。而处于低工作不安全感状态时，由于压力、紧迫感、焦虑感体验得更少，对于低创业自我效能感的领导者来说还不到万不得已的时候，没有必要调动太多自身的资源去表现更多的创业型领导行为，只要维持在比没有工作不安全感时高一些的水平即可；同理，高创业自我效能感的领导者所表现出的创业型领导行为也会相较于高工作不安全状态时少，但稍高于没有工作不安全感时。

综上所述，本研究提出以下假设：

H2：领导的工作不安全感能正向调节领导的自我效能感和创业型领导行为的关系，工作不安全感越强，调节作用越明显。

3. 样本来源

本研究以广西的 HR 公司、江苏的 YC 公司两家企业员工团队作为主要研究对象，以团队为单位进行调查，团队领导与员工自评、互评，问卷采用链接方式发放。HR 公司为自选商店有限责任公司，下属自选商店 65 个，调查中，员工人数达到 4 个以上的自选超市作为一个团队参与调查，共计 46 个团队，涉及员工 236 人。YC 公司为物业管理服务公司，将其 4 人以上的部门或团队作为一个团队样本，共计 65 个团队样本，涉及员工 302 人。调查时间为 2019 年 10~11 月。为保证调查质量，邀请两家公司高层领导对参与调查的团队领导和员工进行宣讲、通知和强调，消除心理顾虑。在问卷中，测量了领导创业自我效能、工作不安全感，创业型领导行为等变量。将性别、年龄、受教育水平、组织年限、职位等作为控制变量。最终收集团队数量 111 个，其中有效数据 110 个。

4. 变量测量

本研究中所使用的量表一般为李克特 7 点量表，其中 1 代表"非常不符合"，7 代表"非常符合"。

（1）领导创业自我效能（Entrepreneurial Self-Efficacy）量表采用了由 Zhao 等（2005）验证的领导创业自我效能量表，该量表一共包含 4 个题目。其中一个代表性的题目是"对于将一个想法或者一个新的研究成果进行商业化，我充满信心"。本样本中此量表的 Cronbach's α 为 0.83。

（2）工作不安全感（Leader Job Insecurity）量表采用由 De Cuyper 等（2012）验证的量表，该量表一共包含 4 个题目，其中一个代表性的题目是"我担心我会失去我的工作"。本样本中此量表的 Cronbach's α 为 0.90。

（3）创业型领导行为（Entrepreneurial Leadership）量表采用 Renko 等（2015）开发验证的量表，该量表包含 8 个题目，其中一个代表性的题目是"我挑战并且推动他人以更加创新的方式行事"。本样本中此量表的 Cronbach's α 为 0.94。

（4）控制变量，基于以往的创业型领导的创业研究，本研究将性别（0 代表女性，1 代表男性）、年龄、受教育水平（1 代表初中，2 代表高中，3 代表技校或中专，4 代表大专，5 代表本科，6 代表硕士及以上）、组织年限、职位（1 代表一般员工，2 代表基层主管，3 代表中层主管，4 代表高层主管）等作为控制变量。本样本中此量表的 Cronbach's α 为 0.98。

三、数据分析

为了验证本研究中关键变量之间的区分效度，使用 Stata14 进行一系列的验证性因素分析，发现由领导创业自我效能（效）、创业型领导行为（行）、工作不安全感（安）构成的三因子模型，相比于其他模型更好地拟合数据 $[\chi^2 (101) = 479.33，p<0.001；RMSEA = 0.19；SRMR = 0.16；CFI = 0.67；TLI = 0.61]$。具体结果如表 2-1 所示。

表 2-1　概念区分效度的验证性因子分析（N=110）

模型	χ^2 （df）	RMSEA	CFI	TLI	SRMR
模型 1：三因素模型（效，安，行）	479.33（101）***	0.19	0.67	0.61	0.16
模型 2：两因素模型（效+安，行）	552.97（103）***	0.20	0.61	0.55	0.14
模型 3：单因素模型（效+安+行）	558.92（104）***	0.20	0.61	0.55	0.14

注：效=领导创业自我效能；行=创业型领导行为；安=工作不安全感；*** 表示 p<0.001。

本研究中变量的描述统计值如表 2-2 所示，其中展示了所有变量的均值、标准差和相关系数。可见，领导创业自我效能与创业型领导显著正相关（r=0.60，p=0.010），这为研究中的假设提供了初步支持。

表 2-2　变量的均值、标准差、相关系数和信度（N=110）

变量	均值	标准差	1	2	3	4	5	6	7	8
1. 性别	1.32	0.47								
2. 年龄	36.41	7.99	-0.12							
3. 受教育水平	3.22	1.25	0.24*	-0.34**						
4. 组织年限	6.25	5.31	-0.47**	0.37**	-0.53**					
5. 职位	2.24	0.68	0.40**	0.16	0.33**	-0.29**				

续表

变量	均值	标准差	1	2	3	4	5	6	7	8
6. 工作不安全感	2.82	1.18	−0.10	−0.02	0.13	0.13	−0.22*			
7. 创业型领导行为	4.95	0.96	0.32**	−0.03	0.15	−0.27**	0.35**	−0.38**		
8. 领导创业自我效能	4.83	1.12	0.31**	0.23*	−0.05	−0.14	0.28**	−0.18	0.60**	

注: 括号中为各变量的信度; *表示 p<0.05; **表示 p<0.01。

使用 SPSS19.0 软件运行线性回归方程来检验本章中的假设。在表 2-3 模型 1 中，放入所有的控制变量包括性别、年龄、受教育水平、组织年限和职位；在表 2-3 模型 2 中，继续放入领导创业自我效能来预测创业型领导，发现领导创业自我效能对于创业型领导行为具有显著的正向影响（B = 0.493，SE = 0.071，p<0.001），H1 得到支持；在表 2-3 模型 3 中，继续放入调节变量工作不安全感，结果发现领导创业自我效能仍然对于创业型领导行为具有显著的正向影响（B = 0.464，SE = 0.068，p<0.001），工作不安全感回归系数为负（B=−0.196，SE=0.059，p<0.001）；在模型 4 中，继续放入工作不安全感和领导创业自我效能的交乘项，工作不安全感、交乘项的回归系数均显著，交乘项正向调节领导创业自我效能和创业型领导行为的关系（B = 0.248，SE = 0.052，p<0.001）。进一步采用 Preacher 和 Hayes（2004）的方法，放入所有控制变量之后，运行 PROCESS 4.1 使用 Bootstrap 方法重复抽样 5000 次来计算间接效应的偏差校正置信区间，发现调节效应值为 0.248（SE = 0.0849），95%的偏差校正置信区间为 [0.0386，0.3622] 不包括 0，H2 得到支持。

表 2-3 线性回归的数据结果 (N=110)

变量	创业型领导			
	模型 1	模型 2	模型 3	模型 4
常数	4.131*** (0.64)	2.675*** (0.569)	3.486*** (0.596)	6.364*** (0.810)
性别	0.304 (0.217)	0.024 (0.184)	0.046 (0.176)	−0.026 (0.16)

续表

变量	创业型领导			
	模型 1	模型 2	模型 3	模型 4
年龄	-0.003* (0.013)	-0.019+ (0.011·)	-0.019+ (0.010)	-0.011 (0.009)
受教育水平	0.057 (0.086)	0.013 (0.072)	0.000 (0.069)	0.025 (0.063)
组织年限	-0.029 (0.021)	-0.013 (0.018)	-0.011 (0.017)	-0.011 (0.016)
职位	0.393** (0.152)	0.267* (0.127)	0.212+ (0.123)	0.175 (0.112)
领导创业自我效能		0.493*** (0.071)	0.464*** (0.068)	-0.166 (0.146)
工作不安全感			-0.196*** (0.059)	-1.386*** (0.255)
领导创业自我效能× 工作不安全感				0.248*** (0.052)
R^2	0.178***	0.442***	0.496***	0.589***
ΔR^2	0.178***	0.264***	0.054***	0.093***

注：括号中展示的是回归系数的标准误；+表示 $p < 0.10$；＊表示 $p < 0.05$；＊＊表示 $p < 0.01$；＊＊＊表示 $p < 0.001$。

四、结论与建议

在中国努力推进"大众创业、万众创新"的背景下，创业型领导具有更强变通性，能帮助企业在大的波动环境中找准方向与解决问题，是促进经济高质量发展的必然要求。本研究通过对 110 份企业领导数据进行分析，探讨了创业自我效能对创业型领导的影响和作用机理，并得到以下结论：

第一，创业自我效能正向影响创业型领导。创业自我效能较高的领导者相信自己能够胜任不同创业角色和任务的信念，对完成任务具备较强的信心及期望度（李朔等，2020），对于压力的体验也会越少，即使在面临巨大压力时，也可以缓解其造成的负面影响（冯冬冬等，2008），从而促进创新创业行为。因此，组织可以通过培训提升领导创业自我效能感，促进个体创业积极性产生（周烁等，2020）。同时，领导自我效能感的提升，也能在管理过程中传递给员工，使他们更有信心抵御风险，并能积极乐观地面对工作过程中的压力与困难。

第二，工作不安全感在创业自我效能对创业型领导的影响中起正向调节作用。当环境充满威胁与挑战时，领导者处于高工作不安全感的状态下，具有高创业自我效能感的领导者会表现更多的创业型领导行为，以此来积极应对不安全感和危机环境带来的情绪性及事务性问题，同时乐于从中寻找自身的价值感和成就感。因此，组织可给领导者更多接触多变的内外部环境，让其感受更高的工作不安全感，从而促进创业型领导行为的产生。

第三章

领导创业意愿对于领导创业型领导行为的影响

一、引言

因创业具备带动就业与经济增长的属性，在国家鼓励"大众创业、万众创新"的政策背景下，有关创业因素的研究也越来越得到学界的青睐，对创业型领导的研究就是其中之一，创业型领导是区别于变革型领导、交易型领导、魅力型领导、授权型领导以及知识型领导等传统领导特质的一种领导特征，在企业面临外部环境动态性时表现出创业型领导行为以获得市场竞争优势。创业型领导行为是领导特质行为中的一种，指的是企业组织当中具备创业领导特征的一系列领导行为（徐娟，2013）。创业型领导对创业机会的有效识别和开发是区别于其他领导类型的主要特征（Renko et al.，2015；王弘钰和刘伯龙，2018）。面对外部环境迅速更迭的情况，不少研究认为企业想要适应外部环境获得良性发展，不管是新建企业的领导者抑或是进入稳定发展期的企业领导者，表现出创业型领导行为是企业组织发展变革、有效解决企业遇到的阻碍和困难并在市场竞争中获得竞争优势的重要领导方式（曲维鹏，2006；杨静，2012；徐娟，2013；林芹和易凌峰，2021）。自 20 世纪 90 年代末伊始，创业型领导的相关研究在国内逐渐获得学界的兴趣，特别是在近年来宏观环境不确定性增加的背景下，创业型领导被高度关注（孟奕爽等，2022），研究创业型领导的形成机制与作用机制（刘伯龙，2019）、创业型领导对员工创新行为（陈文沛，2015）和员工即兴（王影和苏涛永，2019）

的影响等。当前国内外对创业型领导行为的研究不断深入和拓展，然而更多的是将创业型领导行为作为自变量进行研究，探究企业领导者采取创业型领导行为对其他创业因素的影响。重点集中在创业型领导对个体层面、组织层面的影响，鲜有研究关注团队层面的创业型领导（杨娟等，2019），如上述中提到的创业型领导行为对企业绩效、员工创新行为以及员工即兴等因素的作用，鲜少关注创业团队中领导创业意愿对领导创业型领导行为的影响。

就创业意愿对创业行为的影响来说，学者们对两者之间的关系研究呈现出"创业意愿和创业行为关系一致性""创业意愿和创业行为关系不一致性"两个局面，有学者认为足够强烈的创业意愿会引发创业行为，同时有研究表明创业意愿不一定转化为创业行为，创业行为也不一定源于创业意愿（何良兴和张玉利，2022）。从本质上来说，创业型领导行为是创业过程中的领导者的创业行为，是以如果在创业意愿与创业行为的研究模型中加入领导者的这一因素，结果会如何，领导创业意愿是否正向影响领导创业型领导行为？如果成立，边界条件是什么？为了进一步探究这一问题，本章以创业型领导行为作为因变量，探讨领导创业意愿对于创业型领导行为的影响，并进一步验证团队外部环境的动态性对于领导创业意愿影响领导创业型领导行为的调节作用。

二、相关研究文献回顾

1. 创业意愿与创业行为的关系研究

意愿是个体或组织在历经一定的社会实践积累后形成的自发想要达到某种目标并主动通过努力去实现的一种心理状态。意愿的概念来自社会心理学，被认为是预测行为的客观指标（刘东等，2013），也即意愿是个体采取行动的先置要件。Sutton（1998）认为意愿是预测实际行为的变量，个人最终开展某种行为的可能性与进行某种行为的意愿强烈程度呈正相关关系。Bandura

（1977）认为意愿不仅仅是预期，更重要的是对未来行为的承诺。在创业领域，国内外的不少研究表明创业意愿是创业行为的出发点，创业意愿驱动创业主体识别创业机会、评估创业资源，进行创业决策并采取创业行为。Shapero和 Sokol（1982）及 Krueger 和 Carsrud（1993）均认为创业者开展创业行为的前提是具备创业意愿。创业意愿的强度越高，创业行为开展的可能性越大。创业意愿可以指导创业者识别创业机会和开发整合创业资源，实现创业行为（Krueger & Carsrud，1993）。Shook 等（2003）揭示了在创业过程中创业意愿所起的作用，提出创业意愿在新创建的企业和既有企业均能促进商业机会识别从而进行扩张、实现技术进步和创造财富。国内对于创业意愿与创业行为之间的关系也进行了广泛的研究。范巍和王重鸣（2006）经过实证分析发现创业意向高的个体更容易从事创业行为。黄大星和李丽群（2016）认为对于创业主体来说，创业行为的形成决定于创业主体的意愿。刘宇娜和张秀娥（2018）实证研究表明创业意愿成为创业行为的重要预测因素。宋国学（2022）以大学生为调查对象，通过构建行动—状态导向调节创业意愿与创业行为关系的理论模型，结果表明，创业意愿对创业行为具有显著正向预测作用，行动导向的个人特质为创业意愿转化为创业行为提供了充分条件。同时，近几年也有不少研究表明，有创业意愿不一定采取实际的创业行为，而已采取的创业行为也并非源于事先的创业意愿（Gielnik et al.，2014；Van Gelderen et al.，2015；Lerner，2018；Wiklund et al.，2018；何良兴和张玉利，2020）。总的来说，已有的创业意愿与创业行为之间的关系研究目前在学界还没形成共识，并且主要集中在创业者本身的特质或者创业过程的分析，对创业活动过程中创业团队的领导因素关注较少。

2. 外部环境动态性调节作用的研究

环境动态性是企业顾客、竞争者以及所处的市场及行业在创新等方面的不可预见性（Dess & Beard，1984）。外部环境的动态性是任何企业组织、创业团队在进行创业活动时不可回避的因素，学者们普遍意识到企业外部环境动态性的重要作用，近年来的不少研究是基于外部环境动态性调节作用，从结果来看，环境动态性既有正向的调节作用也有负向的调节作用。Ensley 等（2006）指出，鉴于创业的多样性和情景因素的影响，对创业型领导与企业创业绩效的关系研究考虑创业环境动态性的缓冲作用是必要的。曲维鹏（2006）的研究也表明创业环境的动态性会在创业型领导行为与创业绩效之间起到了缓冲作用，创业型领导行为对创业绩效的影响随着创业环境不确定性的增加而提高。Huang 等（2014）以环境动态性为调节变量，论证了创业型领导对企业绩效的正向促进作用。刘宇娜等（2018）提出具有创业意愿的创业者既需要识别创业机会也要关注环境的变化才能更好地创业。张秀娥和王超（2020）的研究表明创业环境宽松性对创业机会识别与连续创业意愿的关系具备正向调节作用。何雄明等（2017）对 187 家新创企业的实证研究发现，环境动态性显著增强调节了创业团队战略共识与新创企业动态能力的关系。王金凤等（2019）的研究发现环境动态性对新创企业管理者能力与商业模式创新起正向调节作用。焦豪等（2007）的研究则发现外部环境动态性对创业导向的风险承担性与组织绩效的关系起到正向的调节作用，吴建祖和龚雪芹（2015）的研究也验证了这一点。彭云峰等（2019）验证了环境动态性对创新性与创新绩效之间关系的正向调节作用，对风险承担、先动性与创新绩效之间的关系则没有调节作用。朱晓武和王玲（2009）的研究证明环境对组织结构的规范化与绩效间关系产生负向调节作用。张平等（2018）的研究表明外部环境动态性对组织结构惯性与财务绩效、知识惯性与创新绩效、文化惯性与企业绩效的关系具有负向调节作用。吴婉婷（2021）的研究发现外部环境动态性在高管成员自我效能感与创新二元性之间起负向调节作用。由此可见，外部环境的调节作用在不同的因素或者情境下表现出相反的效果。

3. 创业型领导行为的研究

从可获得文献资料来看，目前对创业型领导行为的研究更多的是置于创业型领导之中，国内将创业型领导行为作为独立因素进行的研究较少，而已进行的研究主要是将创业型领导行为作为自变量，探讨创业型领导行为的作用机制，而不是考察创业型领导行为的形成机制。创业型领导行为是 Gupta

等（2004）基于以往的创业研究，从全球领导力和组织行为有效性研究（GLOBE）所关注的 112 项领导特质中确定 19 项为创业型领导行为（曲维鹏，2006），包括情景扮演和任务扮演两个挑战维度，"构建挑战""不确定性吸收""路径清晰""建立承诺"和"阐明约束"五个创业型领导角色及二十个特征（王重鸣和阳浙江，2006）。Gupta 等（2004）指出创业型领导行为是创业型领导创设组织愿景，以愿景激励下属达成组织目标的共生承诺，探索追求提升组织整体绩效水平的领导方式。曲维鹏（2006）认为，创业型领导行为是为应对不确定性以赢得竞争优势，领导者在企业内部培育创业环境促进企业成员的创业热情，通过不断地改进绩效发展新的运作模式的一种领导方式。其实，从 Gupta 等（2004）的定义中可以看出创业型领导行为本身涵盖创业活动、领导者、领导者行为、激励、目标、环境、创业绩效等多种创业因素，是一种复杂的行为模式，相应的影响机制以及作用机制也是较为繁杂的，当有学者将性别差异的因素引入创业型领导行为进行分析时更显其复杂性。杨静和王重鸣（2013）将性别差异纳入创业型领导行为的研究，实证分析了女性创业领导行为对员工和组织的影响效应。另外，有研究将创业型领导行为作为自变量，将企业绩效作为因变量，探索创业型领导行为对企业绩效的促进作用（曲维鹏，2006；Agusd et al.，2010；徐娟，2013；孟宣宇，2013；Huang et al.，2014；黄胜兰，2015；赵思嘉等，2021）。创业型领导行为一方面受到领导者本身个体因素的影响，主观性的特点突出；另一方面也会受制于客观的环境，是领导者个体与环境互动的结果，故此探究创业型领导行为的形成机制是必要的。

综上所述，围绕关于创业型领导的多个因素开展的研究不断深入，然而已有的研究对领导创业意愿与领导创业型领导行为之间的关系关注较少。计划行为理论可较好地解释创业意愿与创业行为之间的关系，其提出者 Ajzen（1991）认为行为与意愿联系紧密，行为的发生依赖意愿的发生比率的提高。因此，本章以计划行为理论为理论依据，从团队层面探讨团队领导创业意愿对创业型领导行为的影响以及外部动态环境的调节作用。具体来说，即团队领导创业意愿是创业型领导行为的前置因素，团队外部动态环境既正向调节也会负向调节两者之间的关系。较为宽松的团队外部环境在领导创业意愿对领导创业型领导行为之间的关系起负向的调节作用，团队外部环境不确定性增加在领导创业意愿对领导创业型领导行为之间的关系中起到正向的调节作用，模型如图3-1所示。

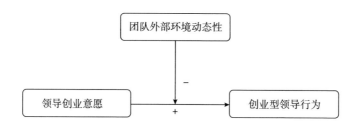

图3-1　本章研究模型

三、研究假设的提出

1. 领导创业意愿与领导创业型领导行为的关系

创业行为的发生源于创业意愿（Kautonen et al.，2015），创业意愿在情境因素与个人因素的双重加持下转化为创业行为（王季等，2020）。另外，诸多学者的研究发现通过不同的路径机制作用下，创业意愿均能转化为创业行为（徐建伟和唐建荣，2014；高宏和周晶，2015；朱爱胜等，2015；崔祥民等，2017）。同理，本章认为领导创业意愿会转化为领导创业型领导行为，创业型领导行为在一定程度上具有目标导向的特征，当团队领导具备创业意愿，才会进一步创设企业愿景，制订创业实施计划，充分调动各方资源，俘获创业的有利条件，激励团队成员达成团队目标，也即领导创业意愿能够正向促进领导创业型领导行为。据此，本章提出如下假设：

H1：领导创业意愿正向影响领导创业型领导行为。

2. 团队外部环境动态性的调节作用

面对不同的创业情境，创业者会采取不同的行为决策逻辑识别创业机会和整合创业资源，促进创业意愿到创业行为的转化（汪昕宇等，2020）。倪嘉成和李华晶（2017）的研究证实了宽松的制度环境积极调节创业认知与创业行为的正向关系。而刘宇娜等（2018）的研究则发现环境不确定性负向调节创业意愿与初始创业行为的关系。任何的创业活动都处在一定的环境当中，政治制度环境、市场经济环境、文化环境、社会环境以及行业环境等团队外部环境是团队创业活动不可忽视的因素，况且新冠疫情的暴发加剧了外部环境的动态性，据此，本章提出如下假设：

H2：团队外部环境动态性在领导创业意愿正向影响领导创业型领导行为当中，发挥负向调节作用。

3. 样本来源

本研究以广西的 HR 公司、江苏的 YC 公司两家企业员工团队作为主要研究对象，以团队为单位进行调查，团队领导与员工自评、互评，问卷采用链接方式发放。HR 公司为自选商店有限责任公司，下属自选商店 65 个，调查中，员工人数达到 4 个以上的自选超市作为一个团队参与调查，共计 46 个团队，涉及员工 236 人。YC 公司为物业管理服务公司，将其 4 人以上的部门或团队作为一个团队样本，共计 65 个团队样本，涉及员工 302 人。调查时间为 2019 年 10~11 月。为保证调查质量，邀请两家公司高层领导对参与调查的团队领导和员工进行宣讲、通知和强调，消除心理顾虑。在问卷中，测量了领导创业意愿、团队外部环境动态性、创业型领导行为等变量。将性别、年龄、受教育水平、组织年限、职位等作为控制变量。最终收集团队数量 111 个，其中有效数据 110 个，领导样本 110 个。

4. 变量测量

本研究中所使用的量表一般为李克特 7 点量表，其中 1 代表"非常不符合"，7 代表"非常符合"。

（1）领导创业意愿（Entrepreneurial Intention）量表采用了由 Zhao 等（2005）验证的领导创业意愿量表，该量表一共包含 4 个题目。其中一个代表性的题目是"在未来的 5~10 年之内，我有兴趣创立一个企业"。本样本中此量表的 Cronbach's α 为 0.85。

（2）团队外部环境动态性（Environmental Dynamism for Team）量表采用由 Kunze 等（2015）验证的量表，该量表一共包含 2 个题目，其中一个代表性的题目是"在我们团队所处的环境中，产品或者服务的更新速度非常快"。本样本中此量表的 Cronbach's α 为 0.91。

（3）创业型领导行为（Entrepreneurial Leadership）量表采用 Renko 等（2015）开发验证的量表，该量表包含 8 个题目，其中一个代表性的题目是"我挑战并且推动他人以更加创新的方式行事"。本样本中此量表的 Cronbach's α 为 0.94。

（4）控制变量，基于以往的创业型领导的创业研究，本研究将将性别（0 代表女性，1 代表男性）、年龄、受教育水平（1 代表初中，2 代表高中，3 代表技校或中专，4 代表大专，5 代表本科，6 代表硕士及以上）、组织年限、职位（1 代表一般员工，2 代表基层主管，3 代表中层主管，4 代表高层主管）等作为控制变量。本样本中此量表的 Cronbach's α 为 0.98。

四、数据分析

为了验证本研究中关键变量之间的区分效度，使用 Stata14 进行一系列的验证性因素分析，发现由领导创业意愿（愿）、团队外部环境动态性（外）、创业型领导行为（领）构成的三因子模型，相比于其他模型更好地拟合数据 $[\chi^2(74) = 396.75$，$p < 0.001$；RMSEA = 0.20；SRMR = 0.17；CFI = 0.67；TLI = 0.60]。具体结果如表 3-1 所示。

表 3-1　概念区分效度的验证性因子分析（N=110）

模型	χ^2 (df)	RMSEA	CFI	TLI	SRMR
模型 1：三因素模型（愿，队，行）	396.75（74）***	0.20	0.67	0.60	0.17
模型 2：两因素模型（愿+队，行）	472.33（76）***	0.22	0.60	0.52	0.15
模型 3：单因素模型（愿+行+行）	476.15（77）***	0.22	0.60	0.52	0.15

注：愿=领导创业意愿；外=团队外部环境动态性；领=创业型领导行为；*** 表示 p<0.001。

本研究中变量的描述性统计值如表 3-2 所示，其中展示了所有变量的均值、标准差和相关系数。可见，领导创业意愿与创业型领导行为显著正相关（r=0.42，p<0.010），这为研究中的假设提供了初步支持。

表 3-2　变量的均值、标准差、相关系数和信度（N=110）

变量	均值	标准差	1	2	3	4	5	6	7	8
1. 性别	1.32	0.47								
2. 年龄	36.41	7.99	−0.12							
3. 受教育水平	3.22	1.25	0.24*	−0.34**						
4. 组织年限	6.25	5.31	−0.46**	0.37**	−0.53**					
5. 职位	2.24	0.68	0.40**	0.16	0.33**	−0.29**				
6. 领导创业意愿	3.78	1.41	0.39**	−0.06	0.22*	−0.38**	0.31**			
7. 团队外部环境动态性	4.65	1.16	0.07	0.18	−0.03	−0.01	0.1	0.06		
8. 创业型领导行为	4.95	0.96	0.32**	−0.03	0.15	−0.27**	0.35**	0.42**	0.37**	

注：括号中为各变量的信度；* 表示 p<0.05；** 表示 p<0.01。

使用 SPSS 软件运行线性回归方程来检验本研究中的假设。在表 3-3 模型 1 中，放入所有的控制变量包括性别、年龄、受教育水平、组织年限和职位；在表 3-3 模型 2 中，继续放入领导创业意愿来预测创业型领导行为，发现领导创业意愿对于创业型领导行为具有显著的正向影响（B=0.204，SE=0.066，p<0.01），H1 得到支持；在表 3-3 模型 3 中，继续放入调节变量团队外部环境动态性，结果发现领导创业意愿仍然对于创业型领导具有显著的正向影响（B=

0.199，SE＝0.061，p<0.01），工作不安全感回归系数为正（B＝0.282，SE＝
0.067，p<0.001）；在模型4中，继续放入领导创业意愿和团队外部环境动态性
的交乘项，领导创业意愿、团队外部环境动态性、交乘项的回归系数均显著，
交乘项负向调节领导创业意愿和创业型领导行为的关系（B＝−0.153，SE＝
0.040，p<0.001）。进一步采用Preacher和Hayes（2004）的方法，放入所有控
制变量之后，运行PROCESS 4.1使用Bootstrap方法重复抽样5000次来计算间
接效应的偏差校正置信区间，发现调节效应值为−0.153（SE＝0.0397），95%的
偏差校正置信区间为［−0.2249，−0.0655］不包括0，H2得到支持。

表3-3　线性回归的数据结果（N＝110）

变量	创业型领导			
	模型1	模型2	模型3	模型4
常数	4.131***	3.643***	2.688***	0.040
	(0.640)	(0.635)	(0.631)	(0.908)
性别	0.304	0.170	0.132	0.138
	(0.217)	(0.213)	(0.198)	(0.186)
年龄	−0.003*	−0.004+	−0.012	−0.007
	(0.013)	(0.012)	(0.011)	(0.011)
受教育水平	0.057	−0.058	−0.052	−0.071
	(0.086)	(0.083)	(0.077)	(0.072)
组织年限	−0.029	−0.015	−0.012	−0.020
	(0.021)	(0.021)	(0.020)	(0.018)
职位	0.393**	0.334*	0.316*	0.274*
	(0.152)	(0.148)	(0.137)	(0.129)
领导创业意愿		0.204**	0.199**	0.933***
		(0.066)	(0.061)	(0.199)
团队外部环境动态性			0.282***	0.840***
			(0.067)	(0.158)
领导创业意愿×团队外部环境动态性				−0.153***
				(0.040)
R^2	0.178***	0.248***	0.360***	0.441***
ΔR^2	0.178***	0.070***	0.112***	0.082***

注：括号中展示的是回归系数的标准误；+表示p<0.10；*表示p<0.05；**表示p<0.01；
***表示p<0.001。

五、结论与建议

本章主要探讨团队领导创业意愿对创业型领导行为的影响，实证分析团队外部动态环境对领导创业意愿影响创业型领导行为的调节作用。研究结果表明，团队领导创业意愿对领导创业型领导行为具有正向的促进作用，两者之间的关系受到团队外部动态环境的制约，当团队外部动态环境对团队不利时，领导创业意愿会强化对创业型领导行为的正向影响，为应对外部环境的高度动荡性，在激烈的市场竞争中赢得主动，团队领导更有可能采取创业型领导行为；当团队外部动态环境较为宽松时，领导创业意愿会弱化对创业型领导行为的正向影响，面对较为有利的外部环境，团队领导采取创业型领导行为的可能性较低。

第一，创业团队领导创业意愿正向影响领导创业型领导行为。团队领导既需要承担领导者角色，也需要在组织活动过程中表现出领导行动，创业团队领导表现出创业型领导行为的前提是具备创业意愿。Bird（1988）最先提出，创业意愿是一种心理状态，这样的心理状态会将创业者的心力和行为引导至创办新企业或者在已有的企业中创造新的价值、形成创业计划并有意识地在将来的某个时间点履行（Thompson，2009），以"意愿—计划—行为"实现意愿到行为的转化（刘东等，2013）。从本章的实证分析过程可以看出，领导创业意愿能够正向促进领导创业型领导行为的发生，领导创业意愿与领导创业型领导行为显示出一致性。领导创业意愿是领导者面对创业活动的一种认知评价态度，具有采取相应创业型领导行为的目标倾向性，创业团队的领导基于对团队外部环境的评估，根据评估结果决定是否采取创业型领导行为。计划行为理论认为行为意愿会增进行为发生的可能性，行为主体意愿包含了对行为目标的期望程度，期望越高对行为的激励越大，付出的努力也越大（刘宇娜，2018）。在组织与外部环境的互动过程中寻找与开发创业机会，引领创业团队实现将创业机会转化为组织价值的过程是创业型领导的核心（王弘钰和刘伯龙，2018），而创业型领导引领团队进行创业价值转化的前提是具备创业意愿。团队领导在创业意愿的指引下对内外部环境进行评估和创业机会的搜索与识别开发，凝聚团队共识，创设创业团队的创业愿景，获取创业团队成员的共生承诺，即采取创业型领导行为。

第二，创业团队外部环境的动态性是领导创业意愿影响领导创业型领导行为的边界条件。外部环境动态性之所以越来越引起学者们的高度关注，一方面，创业活动天生就处在一定的环境当中，环境是创业活动不可忽视的因素；另一方面，环境的动态性具有客观性或者不可抗性，在很多情况下人为无法改变或者需要很长的时间进行改变，如果创业活动没有对外部环境进行相应的评估或者预测，创业活动很容易折戟沉沙。创业型领导行为可以说是创业领导者面对外部环境不确定性增加情况下的应激反应。环境动态性会影响企业组织在市场竞争中的地位（王婷婷，2011），企业对外部环境的预测与实际比较契合的情况下，能够抢占对企业有利的先机，取得市场竞争的优势条件，进而赢得主动，实现企业的可持续发展。外部环境的动态性是创业型领导行为发生的组织以外的情境因素，本章的实证分析表明，当环境处于宽松状态时，领导者不一定需要采取创业型领导行为，较为宽松的外部环境使新创企业或者现有创业团队在创业机会识别、资源的整合利用方面较为顺利，能够获得各利益相关方的支持，从而在市场竞争中领导者更为关注企业发展的成本。而当团队外部环境的不确定性、难以预测性增加，企业面临的风险增大，领导者对环境的威胁感知增强，新创企业或者现有的企业想要获得可持续的发展就要在市场竞争中取得优势，创业团队领导是其中的重要一环，故而创业团队领导需要激发创业型领导行为，激励团队成员承诺为实现团队目标而努力。

第四章

创业型领导对员工和谐工作激情的影响

一、引言

在市场复杂多变的当下，企业需要具有较好的灵活应变能力才能更好地在不确定情境中持续生存与发展。而在此过程中，领导者所发挥的效用至关重要。在众多领导力模型的研究中，创业型领导成为近几年的研究热点，并被视为应对波动较大和不确定性、模糊性与复杂性较高的环境的一种有效领导力方式。

创业型领导是指在复杂和不确定的环境中擅长寻找机会和创造性地解决问题，并可以持续创新和变革的领导方式（Gupta，2004）。针对创业型领导的研究主要分成两大板块：一是以开发和完善测量工具的研究板块；二是论证影响因素与效应的研究板块。目前量表开发尚未成熟，仍有一定局限性，例如样本针对性不足、量表普适性较差等。在研究影响因素及效应方面，创业型领导的前因研究较少，主要焦点集中在结果变量的多层次分析上，并证实了创业型领导在组织中具有涟漪效应（Reynolds Kueny et al.，2020），即创业型领导者对组织的影响力会逐渐蔓延至团队和个体层面，从而进一步影响团队整体与员工个体的行为（林芹，2022）。

既往研究中已证实创业型领导能在组织的不同层面具有影响作用，例如组织绩效（Sawaean & Ali，2020）、创业绩效（李明华，2011；Huang et al.，2014）与组织创新活动（Paudel，2019），优化团队创造力（Mehmood et al.，

2021）以及员工创新行为（Newman et al.，2018）等。但鲜有研究探讨其对员工工作激情的影响，以及在此路径中存在的调节作用。员工工作激情指组织成员对某一工作的强烈倾向或意愿，其对工作持有积极情绪、能意识到该工作的重要性并愿意投入时间与精力从事该工作。工作激情可分为强迫式工作激情与和谐式工作激情，前者指为达到某种外在结果与目的，而必须服从工作安排并完成工作任务的动机倾向，有一种被逼无奈之感；而后者是指主动地、自发地完成工作任务，并热爱工作，享受工作所带来的挑战与乐趣的动机倾向。基于涟漪效应，本研究推测创业型领导行为的影响力能够辐射到员工个体行为上，并对员工的和谐工作激情产生积极影响。

在行为对态度的影响路径中，往往存在着其他影响因素。公司创业学习经常作为提升大学生创新创业能力的强关联手段，目前对公司创业学习的讨论多置于教育领域，重点聚焦于完善公司创业学习体系、提升内容质量与优化实施路径上，而几乎没有探讨企业环境的公司创业学习情况、实施路径及成效的研究。既然公司创业学习在教育领域已被验证能够有效促进创新创业行为的发生，那么该效用或将适用于企业范围内，对领导者及员工的创新创业能力存在积极影响。因此，本研究将公司创业学习引入模型中，探讨公司创业学习对创业型领导行为是否存在调节作用，并最终影响创业型领导行为对员工和谐工作激情的作用。

行为通常存在交互性，创业型领导行为对员工的态度或行为的作用是领导对员工方向的，而员工的态度与行为在一定程度上也可以成为激发领导相应行为的诱因。人—环境匹配理论可为此现象提供理论支撑，它可被广义地理解为个人与工作环境的相容性，环境因素可以是同事、领导、组织等，而其中领导—成员匹配即可体现领导者与成员之间在价值观、工作行为、工作态度等方面的相容性情况。匹配程度越高，代表着二者在多方面的相似性越高，对方正如自己的镜子一般，能够投射自身的行为，激发自己表现出与对方一致的态度或行为。基于此，本研究在领导对员工产生影响的路径中，欲深入探讨另一潜在作用——员工对领导的影响。故将领导—成员匹配因素作为调节变量置于模型中，查看双方的匹配程度是否会对领导的创业型行为产生影响，并最终导致员工和谐工作激情的变化。

二、文献回顾及假设的提出

1. 创业型领导行为的相关研究

创业型领导方式是能将创业精神和领导力相串联的概念（Pauceanu et al.，2021），是创业领域与领导领域相结合的产物。它可以被简单理解为具有企业家精神或创业者特质的领导者或具有领导行为模式和特质的企业家（Ma et al.，2018；Pauceanu et al.，2021），他们擅长在不确定或复杂的环境中寻找机会、解决问题，创造愿景并鼓励下属积极变通、开展更多的创新创业行为，并最终达成组织目标（Gupta，2004；王重鸣和阳浙江，2006；Ma et al.，2018）。而"应对高度不确定的经营环""不断识别新的机会""领导持续创新与变革"，这些特点是创业型领导区别于变革型领导、魅力型领导、队导向领导和基于价值的领导的最大不同点（Gupta，2004；杨静和王重鸣，2013）。

研究者们对于创业型领导的研究主要集中在两个方面，即测量工具的开发及影响因素与效应的实证研究。

在量表开发方面，目前取得的成果较为有限，存在一定局限性。其中应用最为广泛的是 Gupta 等学者在 2004 年开发的量表，他们将创业型领导分为情境构建和角色构建两个维度，并将两个维度进一步细分，构建了 5 个子任务，在情境构建维度中包含了"构建挑战""吸收不确定性""路径清晰"任务，而在角色构建维度中包含了"构建承诺""阐明约束"任务。他们收集了来自 62 个国家的 15000 名中层领导的数据，分析结果表明此结构具有较好的信效度，很好地验证了创业型领导的结构，且有很好的跨文化适用性。但由于这项研究数据来源较老，且缺少针对性，存在一定的局限性。后续开发的量表则主要针对特定地区或企业展开，缺乏普适性（Siddiqui，2007；Hejazi，2012）。同时，由于量表主要测量被试对于创业型领导的感知而不是客观行为表现，故存在主观性偏差。量表研究还需要进一步完善与深入。

而在影响因素与效应的实证研究方面，关于创业型领导形成的前因变量研究较少，主要分为情境因素（社会情境、组织情境）与个体因素（人口统计变量、人力资本、个人价值观）（王弘钰和刘伯龙，2018）；关于结果变量及影响效果的实证研究相对较丰富，目前已有较多研究证实了创业型领导对组织和个体都存在一些积极影响。在组织层面，大部分研究认为创业型领导可以提升组织绩效、加强组织创新以及发展组织能力。例如，Chen（2007）通过对台湾地区 112 家高新技术新创企业的研究发现，强创业型领导及创业团队具有高创造性可以对企业的创新能力产生协同效应，促进其提升；黄胜兰（2015）收集了 168 家中国新创企业的数据，并从创业型领导的多个维度分析得出创业型领导能够直接正向影响新创企业绩效的结论。而在个体层面，研究则聚焦在个体的组织承诺、工作满意度、主动性和创新行为上。例如，李恒等（2014）通过构建创业型领导者与员工间不完全信息静态博弈模型，对 20 多家企业的 208 对匹配的领导者与员工进行问卷调查，结果表明创业型领导特质对员工的组织承诺和工作满意度具有正向影响，而员工情绪智力在此过程中起到中介作用。李朔等（2020）通过实证研究发现创业型领导对员工创新行为存在显著积极影响，同时创新自我效能感和组织认同在创业型领导对员工创新行为路径中具有中介作用。

综合来看，目前实证研究中主要探讨创业型领导的影响效应较多，其中对于组织层面的探讨相对于个体层面的较为丰富，个体层面的研究成果数量在近两年有显著提升，成为目前的焦点、热点话题。

2. 员工和谐激情的相关研究

员工和谐激情来源于员工工作激情的其中一个维度，而员工工作激情是一般激情在工作场景中的衍生（Vallerand et al.，2003）。一般激情是指个体对某种活动产生喜欢或热爱的情绪、认为重要且愿意投入较多时间与精力的一种强烈的倾向或意愿（Vallerand & Houlfort，2003；Vallerand et al.，2003；Vallerand，2012）。一般激情的作用范围是广泛的，没有特别的活动种类及内容的限制，只要人们能够在情感（喜欢、热爱）、认知（感觉有意义或重要）和动机（想要投入的强烈意愿）三个层面对某项活动具有相应的反应，则可认为个体对此活动具有"激情"（Damasio，2001；Schwarz & Clore，2007；张剑等，2014）。当一般激情被引入工作场景时，工作激情便孕育而生。

工作激情的内涵十分丰富，目前对其的定义还存在分歧，但也有较多相似性，如大部分的学者都肯定了工作激情所带来的积极情绪体验及工作具有重要意义的认知评价（Vallerand & Houlfort，2003；Zigarmi et al.，2009；Perttula & Cardon，2011；Ho et al.，2011）。在众多的含义讨论中，Zigarmi等（2009）基于社会认知理论所构建的概念较为全面且有较强的应用性，他们认为工作激情包含了情感、认知和动机三个方面的因素，并将其定义是一种持续的、情绪积极的、基于意义考量的幸福状态，它源于对各种工作和组织情况的反复认知和情感评估，从而产生一致的、建设性的工作意图和行为。结合前人研究结果，本研究将工作激情界定为组织成员对某一工作的强烈倾向或意愿，他对该工作持有积极情绪、能意识到该工作的重要性并愿意投入时间与精力从事该工作。

基于自我决定理论的外部动机内化的思想，Vallerand等（2003）将员工工作激情分为强迫式工作激情与和谐式工作激情两种形式。和谐式工作激情是指个体在工作环境中，热爱自身的工作，重视工作，并愿意投入较多的时间、精力于工作中以期创造出更多价值，他们的行为表现出更多的主动性、内驱性和可控性，而非受结果或考核要求导致的工作压力所致（Birkeland & Buch，2015）。与之相对，强迫式工作激情是由于工作结果、个体内心和人际关系等压力因素，导致个体必须服从工作安排并完成工作任务的动机倾向。在此状态下，个体很难进行自我控制，他们不得不承接和参与某项工作。例如，个体为了满足绩效要求或获得社会认可等外界因素条件，而非主动性地完成某项工作，在此过程中，人们通常感觉自己是被迫的（Perttula & Cardon，2011；张剑等，2014）。

目前针对工作激情的结果变量研究相对较多，一些结果表明和谐工作激情在心理健康、身体健康、绩效和情感等方面都有积极影响，而强迫工作激情虽然在绩效方面有促进作用，但因其从事某项工作的非自愿、自主性，会导致其获得的快乐、成就体验较少，最终在心理健康、身体健康和情感方面产生消极影响（Vallerand et al.，2003；Rip，Fortin & Vallerand，2006；Vallerand et al.，2007；Vallerand et al.，2008；Carbonneau，Vallerand & Massicotte，2010；Bonneville-Roussy，2011；宋亚辉等，2015）。

工作激情的前因变量研究较结果变量研究较少，但近几年在日益增多中。对前因变量的讨论主要分为个体层面与组织层面。在个体层面中，自尊水平、自主性动机、自我控制、创业激情和创业行为等是与工作激情关联较多的研究主题。Forest 等（2009）认为随着个体自主性和自尊的提升，会激发和谐式工作激情，同时自尊对工作激情的影响是动态变化的；Liu 等（2011）研究发现组织对个体的自主性支持会显著提升和谐式工作激情产生的概率，同时 Carbonneau 等（2008）认为相较于强迫式工作激情而言，个体的自主性动机对和谐工作动机更具有积极的预判和产生显著的影响；张剑等（2018）的研究表明创业者的创业激情会随着时间的推移不断降低，但他们可以通过强化自身的可控性感知，进而促进产生和谐工作激情。而在组织层面，则更多体现于对领导因素、组织支持和工作特征等因素的相关研究中。Afsar 等（2016）研究发现灵魂型领导行为会对员工的工作激情产生影响；秦伟平和赵曙明（2015）以情绪理论为基础，对532名员工和89名主管进行了问卷调查，他们发现真我型领导与和谐式工作激情和员工创造力都有显著的正相关关系，而与强迫式工作激情成负相关关系；李琰等（2020）的研究结果表明服务型领导对员工和谐式工作激情具有显著正向影响，而对强迫式工作激情存在显著负向影响；杨振芳（2023）以乡村教师为研究对象，结果发现工作支持对于激发乡村教师工作激情有显著积极影响。

基于前人针对不同领导行为对员工工作激情的影响研究结果，不难发现领导者的特质与行为对员工和谐式工作激情和强迫式工作激情都存在一定影响，并对员工和谐式工作激情普遍具有显著的正向影响（秦伟平和赵曙明，2015；Afsar et al.，2016；李琰和葛新权，2020）。而和谐式工作激情对个体影响的实证研究存在探讨较少的情况，故本研究欲将创业型领导与员工工作激情相关联，并着重探讨创业型领导行为对员工和谐式工作激情的影响。故本章提出以下假设：

H1：创业型领导行为对员工和谐式工作激情具有显著正相关关系。

3. 公司创业学习和领导—成员匹配程度的调节作用

创业教育的概念首次由联合国教科文组织在 1989 年举办的"面向 21 世纪教育发展趋势研讨会"上提出，从广义上看，创业教育是为了培养具有开拓性素养的个人（许德涛，2013）。郭丽君等（2008）认为创业教育应达到三层目标，分别是"通过学习了解创业""通过学习成为具有创业品质、精神和能力的人"和"通过学习成为创业家"。由此可见，创业教育主要通过成熟且有实践意义的知识传播体系，将创业相关知识传授给学生，达到提高他们的创业素质和能力，能够具有创业知识、思维和精神的目的。

当前我国正加大对创新创业的扶持力度，创业教育对于培养创业人才、提升人们创业素养与能力和创业成功率具有至关重要的作用。正是公司创业学习的积极作用及当前政策的促进，研究者们也对如何完善和提升公司创业学习机制、体系及传授方法等方面展开了广泛讨论。但在目前研究中，创业教育的应用场景更多放在学校，尤其高校情境，鲜有讨论企业或公司环境下的公司创业学习应用情况。

公司创业学习这一概念由 Zhao（2005）提出，以公司为主体对员工开展创业学习，验证了公司创业学习带来的积极作用。基于创业教育在学校环境下所取得的正向影响成果，本研究认为创业教育带来的积极作用也同样在公司环境下具有普适性。由于创业型领导是创业领域与领导领域相融合的概念，他既有企业家的创业特质及行为表现，又具有相应的领导力，公司创业学习可以为他们在组织中开展创业型领导行为时提供理论支持，使他们的行为更理性和完善。同时，由于提高了相应的能力及素养，创业型领导者们在问题情境处理时更得心应手、更坚定和自信，自我效能感也可能有所提升。因此，当创业型领导行为表现较少时，或许会由于公司创业学习的介入，而增强和谐式工作激情行为发生的频次。故本章提出以下假设：

H2：公司创业学习会对创业型领导行为产生显著的正向调节作用，从而影响员工和谐工作激情。

领导—成员匹配是基于人—环境匹配（Person-environment Fit）理论模型提出的一种组合类型。人—环境匹配理论可广义地理解为个人与工作环境的相容性，它包括个人与组织、职业、工作、团队和上级的匹配（张翼等，2009；唐源鸿等，2010；韩翼和魏文文，2013）。

领导—成员匹配与个人—上级匹配的概念一致，是指下属与领导者的相容程度，主要体现在两者的价值观、态度、工作方式、行事风格、生活方式等方面具有较高的相似性或互补性（Vianen et al.，2011）。领导—成员匹配会使领导者对与之价值观一致的成员提供大量的资源、帮助和支持，并促进成员自我价值的实现，同时对成员的工作态度、情感体验及能力提升产生深刻的影响（韩翼和刘庚，2020）。领导—成员匹配可分为两个维度：第一个维度是由于领导与成员在多方面存在高度相似性，基于相似吸引理论，员工会将领导作为学习的榜样，主动获取新知识与技能，积极与领导沟通，学习领导的行事风格并努力向他靠拢（Kristof-Brown，2005；Ilies & Remus，2005），同时，领导也愿意激励成员，并尽最大可能给予员工相应的支持，维护良好的沟通渠道，创造学习氛围并鼓励学习；第二个维度是领导与员工之间可以在某些方面进行优势互补，存在相互影响的关系（杜旌和王丹妮，2009）。

根据情绪影响理论与相似吸引理论，领导与成员的高度匹配性，会让二者的态度、情感、行为等出现趋同现象，员工会因为将领导视为榜样，而不断学习和追随领导的态度、情感与行为。当创业型领导行为表现为工作的热情与主动性时，与之匹配度高的成员也会受其影响表现出更多对工作的热情与主动性，换言之，和谐式工作激情会随之提高。而当创业型领导行为在面临高度不确定状态或具有风险性的情况下举棋不定、犹豫、担心时，领导——成员匹配或许会使领导感受到员工对自身能力及选择的认可与支持，并且愿意主动为其分忧解难，共同应对危机与不确定性的状况，员工的支持、陪伴与帮助等积极态度和行为会反向影响领导的行为，使他有更多的信心进行风险决策和坚定自身的立场，并乐意表现更多和谐工作激情行为。故本章提出以下假设：

H3：领导——成员匹配程度对创业型领导行为具有显著正向调节作用，从而导致正向影响员工和谐式工作激情的结果。

4. 样本来源

本研究以广西的 HR 公司、江苏的 YC 公司两家企业员工团队作为主要研究对象，以团队为单位进行调查，团队领导与员工自评、互评，问卷采用链接方式发放。HR 公司为自选商店有限责任公司，下属自选商店 65 个，调查中，员工人数达到 4 个以上的自选超市作为一个团队参与调查，共计 46 个团队，涉及员工 236 人。YC 公司为物业管理服务公司，将其 4 人以上的部门或团队作为一个团队样本，共计 65 个团队样本，涉及员工 302 人。调查时间为 2019 年 10~11 月。为保证调查质量，邀请两家公司高层领导对参与调查的团队领导和员工进行宣讲、通知和强调，消除心理顾虑。在问卷中，测量了领导创业意愿、领导——成员匹配程度、创业型领导行为等变量。将性别、年龄、受教育水平、组织年限、职位等作为控制变量。最终收集团队数量 111 个，其中有效数据 110 个，领导样本 110 个，员工样本 342 个。

5. 变量测量

本研究中所使用的量表一般为李克特 7 点量表，其中 1 代表"非常不符合"，7 代表"非常符合"。

（1）公司创业学习（Perceptions of Formal Learning in Company）量表采用了由 Zhao 等（2005）验证的公司创业学习量表，该量表一共包含 4 个题目。其中一个代表性的题目是"在公司中，我学到了足够的创业机会识别知识"。本样本中此量表的 Cronbach's α 为 0.86。

（2）和谐式工作激情（Harmonious Passion for Work）量表采用由 Bélanger 等（2013）验证的量表，该量表一共包含 6 个题目，其中一个代表性的题目是"我的工作与生活中的其他活动保持和谐"。本样本中此量表的 Cronbach's α 为 0.90。

（3）创业型领导行为量表（Entrepreneurial Leadership）采用 Renko 等（2015）开发验证的量表，该量表包含 8 个题目，其中一个代表性的题目是"我的领导对于产品或者服务经常提出一些全新的改进思想"。采用下属评价上级领导的方式进行问卷调查。本样本中此量表的 Cronbach's α 为 0.94。

（4）领导—员工匹配（Person-supervisor Fit）量表采用 Kim 等（2013）开发验证的量表，该量表包含 3 个题目，其中一个代表性的题目是"我在生活中看重的东西和我领导看重的东西非常相似"，本样本中此量表的 Cronbach's α 为 0.89。

（5）控制变量，基于以往的创业型领导的创业研究，本研究将性别（0 代表女性，1 代表男性）、年龄、受教育水平（1 代表初中，2 代表高中，3 代表技校或中专，4 代表大专，5 代表本科，6 代表硕士及以上）、工作年限等作为控制变量。本样本中此量表的 Cronbach's α 为 0.98。

三、数据分析

为了验证本研究中关键变量之间的区分效度，使用 Stata14 进行一系列的验证性因素分析，发现由创业型领导（领）、公司创业学习（学）、领导员工匹配（匹）、和谐式工作激情（和）构成的四因子模型，相比于其他模型更好地拟合数据（χ^2（183）= 769.97；$p < 0.001$；RMSEA = 0.097；SRMR = 0.043；CFI = 0.91；TLI = 0.891）。具体结果如表 4-1 所示。

表4-1 概念区分效度的验证性因子分析（N=342）

模型	χ^2（df）	RMSEA	CFI	TLI	SRMR
模型1：四因素模型（领，学，匹，和）	769.97（183）***	0.097	0.91	0.891	0.043
模型2：三因素模型（领+学，匹，和）	1940.65（186）***	0.166	0.72	0.68	0.118
模型3：三因素模型（领+匹，学，和）	1818.39（186）***	0.160	0.74	0.702	0.115
模型4：两因素模型（领+学+匹，和）	2879.51（188）***	0.204	0.57	0.514	0.139
模型5：单因素模型（领+学+匹+和）	3278.43（189）***	0.218	0.50	0.445	0.146

注：领=创业型领导；学=公司创业学习；匹=领导员工匹配；和=和谐工作激情；*** 表示 $p < 0.001$。

本研究中变量的描述性统计值如表4-2所示，其中展示了所有变量的均值、标准差和相关系数。可见，创业型领导与和谐式工作激情显著正相关（$r = 0.465$，$p < 0.01$），这为研究中的假设提供了初步支持。

表4-2 变量的均值、标准差、相关系数和信度（N=342）

变量	均值	标准差	1	2	3	4	5	6	7	8
1. 性别	1.16	0.37								
2. 年龄	33.80	8.87	-0.208**							
3. 受教育水平	2.95	1.41	0.277**	-0.517**						
4. 工作年限	2.83	3.29	-0.190**	0.442**	-0.43**					
5. 创业型领导	4.94	0.97	0.058	-0.082	0.034	-0.038				
6. 公司创业学习	4.20	1.29	0.106*	0.067	-0.063	0.041	0.442**			
7. 领导员工匹配	4.39	1.13	0.131*	-0.122*	0.195**	-0.06	0.562**	0.416**		
8. 和谐工作激情	5.25	0.94	-0.036	0.052	0.038	0.017	0.465**	0.386**	0.33**	

注：括号中为各变量的信度；* 表示 $p < 0.05$；** 表示 $p < 0.01$。

使用SPSS软件运行线性回归方程来检验本章中的假设。在表4-3模型1中，放入所有的控制变量包括性别、年龄、受教育水平和工作年限。在表4-3模型2中，继续放入创业型领导来预测和谐式工作激情，发现创业型领导对于和谐式工作激情具有显著的正向影响（$B = 0.454$，$SE = 0.046$，$p < 0.001$），

H1 得到支持。在表 4-3 模型 3 中，放入所有控制变量，同时放入创业型领导和公司创业学习来预测和谐式工作激情，发现创业型领导对于和谐式工作激情的影响仍然显著（B＝0.356，SE＝0.05，p<0.001），公司创业学习正向调节创业型领导对和谐式工作激情（B＝0.167，SE＝0.038，p<0.001）。在模型 4 中，放入所有控制变量，同时放入创业型领导、公司创业学习和创业型领导与公司创业学习的交乘项来预测和谐式工作激情，创业型领导与公司创业学习交乘项对于和谐式工作激情的影响显著（B＝0.058，SE＝0.027，p<0.05）。在模型 6 中，放入所有控制变量，同时放入创业型领导、领导员工匹配和创业型领导与领导员工匹配的交乘项来预测和谐式工作激情，领导员工匹配对于和谐式工作激情的影响显著（B＝-0.756，SE＝0.156，p<0.001），创业型领导与领导员工匹配交乘项对于和谐式工作激情的影响显著（B＝0.158，SE＝0.028，p<0.001）。在模型 7 中，放入所有控制变量，同时放入创业型领导、公司创业学习、领导员工匹配、创业型领导与公司创业学习的交乘项和创业型领导与领导员工匹配的交乘项来预测和谐式工作激情，进一步采用 Preacher 和 Hayes（2004）的方法，放入所有控制变量之后，运行 PROCESS 4.1 使用 Bootstrap 方法重复抽样 5000 次来计算间接效应的偏差校正置信区间，发现公司创业学习、领导员工匹配通过创业型领导对于和谐式工作激情产生的调节效应值为-0.033（SE＝0.032），95% 的偏差校正置信区间为 [-0.1237，0.0803] 包括 0，H3 不能得到支持；公司创业学习、领导员工匹配通过创业型领导对于和谐式工作激情产生的调节效应值为 0.167（SE＝0.034），95% 的偏差校正置信区间为 [0.481，0.2544] 不包括 0，H4 得到支持。

表 4-3　线性回归的数据结果 （N＝342）

变量	和谐式工作激情						
	模型 1	模型 2	模型 3	模型 4	模型 5	模型 6	模型 7
常数	4.829*** (0.351)	2.498*** (0.391)	2.414*** (0.381)	3.653*** (0.697)	2.459*** (0.391)	5.805*** (0.705)	5.228*** (0.75)

续表

变量	和谐式工作激情						
	模型1	模型2	模型3	模型4	模型5	模型6	模型7
性别	-0.113 (0.145)	-0.167 (0.128)	-0.237+ (0.126)	-0.247* (0.125)	-0.181 (0.128)	-0.218+ (0.123)	-0.264* (0.12)
年龄	0.010 (0.007)	0.014* (0.006)	0.012* (0.006)	0.011+ (0.006)	0.014* (0.006)	0.015* (0.006)	0.013* (0.006)
教育水平	0.067 (0.044)	0.074+ (0.039)	0.083* (0.038)	0.078* (0.038)	0.063 (0.039)	0.062+ (0.038)	0.078* (0.04)
工作年限	0.003 (0.018)	0.003 (0.016)	0.002 (0.015)	0.001 (0.015)	0.002 (0.016)	0.000 (0.015)	0.000 (0.015)
创业型领导		0.454*** (0.046)	0.356*** (0.05)	0.129 (0.118)	0.404*** (0.056)	-0.240+ (0.127)	-0.201 (0.133)
公司创业学习			0.167*** (0.038)	-0.143 (0.151)			0.310+ (0.172)
创业型领导×公司创业学习				0.058* (0.027)			-0.033 (0.032)
领导员工匹配					0.079+ (0.049)	-0.756*** (0.156)	-0.835*** (0.180)
创业型领导×领导员工匹配						0.158*** (0.028)	0.167*** (0.034)
R^2	0.011	0.230***	0.272***	0.281***	0.236***	0.302***	0.331***
ΔR^2	0.011	0.219***	0.041***	0.010*	0.006***	0.066***	0.029***

注：括号中展示的是回归系数的标准误；+表示 $p < 0.10$；*表示 $p < 0.05$；**表示 $p < 0.01$；***表示 $p < 0.001$。

四、结论与建议

创新是社会进步的灵魂，创业是推动经济社会发展、改善民生的重要途径，要激发调动全社会创新创业活力。激发全社会创新创业活力，对于稳定和扩大就业、促进共同富裕，释放全社会创新潜能、推动新产业新技术新业态新模式蓬勃发展等都具有重要意义。当前，世界百年未有之大变局加速演进，国际国内形势发生深刻复杂变化。为有效应对经济下行压力，必须激发全社会创新创业活力，加快培育发展新动能，才能为经济社会发展注入不竭动力和活力。本研究通过对 342 份配对数据进行分析，探讨了创业型领导对员工和谐式工作激情的影响和作用机理，并得到以下结论：

第一，创业型领导对员工和谐式工作激情起正向影响作用，回归系数均为正，且在 1% 的水平上显著，说明创业型领导的特性越突出，那么越有助于员工产生和谐式工作激情；第二，公司创业学习在创业型领导与和谐式工作激情中存在调节作用，回归系数均为正，且在 5% 的水平上显著，说明员工获得更多公司创业学习时，创业型领导越能正向影响员工和谐式工作激情；第三，领导员工匹配在创业型领导与和谐式工作激情中存在调节作用，回归系数均为正，且在 1% 的水平上显著，说明领导与员工越匹配时，员工越能被创业型领导所激励，从而产生和谐式工作激情；第四，将公司创业学习、领导员工匹配同时放入模型时，领导员工匹配的调节效应仍然在 1% 的水平上正向显著，且系数提高了，但公司创业学习的调节效应却变得不显著。这可能是因为公司创业学习是覆盖所有员工的，而领导员工匹配则限定于与领导匹配度更高的员工，针对性更强，对创业型领导和员工和谐式工作激情的调节效应掩盖了公司创业学习的调节效应。

实证研究结果表明，公司创业学习和领导员工匹配均对创业型领导和员工和谐式工作激情起调节作用，据此提出提升员工和谐式创业激情的三点对策建议：

第一，激发员工和谐式工作激情需要以创业型领导为核心。在市场复杂多变的当下，创业型领导能在复杂和不确定的环境中寻找机会和创造性地解决问题，并可以持续创新和变革（Gupta，2004）。因此，创业型领导能在不断变化的环境下给予员工创造性解决问题的支持，给员工提供宽松的创新环境，提升员工工作的自主性和自尊，进而激发和谐式工作激情。

第二，给员工提供更多创业学习能有效提升和谐式工作激情。企业经营情境瞬息万变，员工需要快速适应新的情况，能够以开放心态接受新想法，甚至在错误发生的时候，不会被错误造成的沮丧和后悔情绪困扰，承认错误并修正错误，从而提高和谐创业激情。Liu 等（2011）研究发现组织对个体的自主性支持会显著提升和谐式工作激情产生的概率，因此，在创业型领导的指导下，如果公司提供更多创业学习，可增加员工心理适应的辅导，提高员工的抗挫性和应对社会不确定性的能力，从而提升和谐式工作激情。

　　第三，与创业型领导匹配度越高的员工越能产生和谐式工作激情。与创业型领导匹配度越高的员工越能够领会创业型领导的意图，更主动用创造性思维完成工作，对学习新知识有更高的热情（李真和刘洋，2016），能及时更新知识，对新观念、新技术和新方法的接收能力更强，因此处理问题的方式更加灵活、变通，就能推陈出新，更快进入工作角色，适应工作环境，强化自身的可控性感知，进而促进产生和谐式工作激情。

第五章

领导创业导向对于员工创造力的影响研究

——员工创造力自我效能感的中介作用

一、引言

组织只有持续不断地创新才能获得竞争优势来实现可持续发展。组织创新的关键在于培植员工个体的创造力，员工的创造力是组织创新与竞争力提升的根本。研究已经证明，员工的创造力是企业创新的核心基石，员工发挥创造力有助于完善组织产品、服务或工艺流程。由此，员工创造力决定了组织未来发展的潜力，代表着组织的未来。从这个角度而言，如何激发员工创造力成为组织管理者极为重视的问题。

创造力组成理论表明，影响创造力的因素包括个体内在动机、知识技能和创造力投入过程，同时，这三者还需要与情境因素有效结合来最大限度地发挥效用。因此，组织可以从内部侧重关注下属的自我驱动，通过促进员工对创造力的内在认同感和效能感等方式来影响创造力水平的提升，也需要从外部提供引导，通过树立创新榜样或提供支持的方式来推进创造力水平的提升。

在对创造力前因变量的探究中，创业导向（Entrepreneurial Orientation，EO）引起了学界的关注。创业导向是企业内部提倡变革、创新与勇于承担风险的一种倾向，是鼓励个体进行创新与变革的文化氛围和意识。创业导向最早由 Miller（1983）提出，他认为创业导向是组织的一种战略决策，创业导向型企业会积极进行产品或过程创新，能敏锐察觉内外环境的变化，并采取超前性行动来应对竞争对手，同时承担一定程度的风险。Covin 和 Slevin（1991）在此基础上构建了创新性、风险承担性与超前行动性三个维度来表征创业导向。创业导向体现的是组织从事创业活动的强度或倾向、价值观念，更是一种以追求创新为核心，勇于先动与承担风险的即兴性行为，能促使组织不断追求新的市场机会，调整、变换原有经营领域。关于创业导向的研究目前获得了三个层面的研究结果：一是在组织宏观层面，研究发现组织创业导向直接影响企业愿景与目标、企业经营实践以及企业文化、组织创造力，对企业成长、组织绩效、组织惰性、组织动态能力等产生积极影响；二是在团队层面，组织创业导向可以对团队产生中观层面的影响，如对团队绩效产生积极的影响；三是在个体层面，创业导向可以对个体产生微观层面的影响，组织创业导向对员工个体的创新行为产生积极影响。然而，综观目前的研究文献，创业导向的相关研究大多数停留在组织层面，而在微观个体层面的研究相对比较匮乏，尤其是在领导层面以及领导—员工配对层面，领导创业导向对于员工创造力的影响亟待探索。

在组织当中，"领导"始终承担着引领组织发展的责任，其领导行为影响组织的环境氛围，影响员工对组织的接受与认可，也影响员工的工作态度和行为。从组织文化形成的机理来看，领导特别是创始人对于企业价值观念起着毋庸置疑的重要作用。组织文化氛围最初源起于最高领导者自身的价值取向，由于领导在组织中处于核心地位，拥有操纵组织各种资源的权力，他会通过相关管理行为，如人员配置、施加奖惩、自身日常行为表率等营造相应的组织氛围；当一定的组织倾向意识或者战略决策一旦确定，必将对各级领导形成作用力，主要通过组织—领导—员工这种由上及下的传导路径优先落实到每个层级的领导身上，最终通过领导—员工之间的工作层级和工作互动落脚到组织的每一名员工来实现。由此，组织的科层制特征，以及领导（从创始人、CEO 到中层、基层领导）在组织中的层级地位决定了领导的行为方式会对员工行为产生重要影响。也就是说，组织的观念体系都是由各层级领导作为主要代理人来践行的。当组织提倡创新和冒险的战略导向时，需要各级领导身体力行层层建构、一脉相承。前文提到，已有的创业导向研究，几乎都是从组织中宏观或中观层面的角度切入，极少从领导个体行为层面探讨创业导向对个体层面的员工工作行为及结果的影响，特别缺乏领导创业导向对员工创造力影响的研究。因此，从个体层面探讨领导创业导向如何促进员工创造力及其内在作用机理极其必要。

在探讨领导创业导向的作用机制时，本研究借鉴认知心理学的研究文献，将创造力自我效能感作为潜在中介机制进行探究。自我效能感即自我效能信念，是人的能动性基础，是个体通过自己主观行动产生各种效果的力量。作为社会认知理论的核心构念，自我效能感是预测行为的重要指标。因而，越来越多的学者将自我效能感作为各类工作环境因素对个体行为产生影响的中介变量，阐述外界环境包括特定领导行为激发个体行为的过程。

综上所述，本研究提出以下研究问题：在组织环境中的个体层面，领导创业导向会对员工的创造力产生怎样的影响？其中的作用机制是怎么样的？具体而言，领导创业导向能否通过员工创造力自我效能感影响员工的创造力？因此，本研究基于创业导向的多层次研究范式，探求领导创业导向对员工创造力的影响以及作用机制。

二、文献综述与研究假设

1. 领导创业导向与员工创造力

创业导向是企业在做冒险活动的战略决策时，表现出来创业行为的观念体系、心智模式和行为方式。基于 Covin 和 Slevin（1991）提出的创业导向的三个维度，Anderson 等（2015）将创业导向划分为两个构成维度：创业行为和风险管理态度。其中，创业行为分为创新性和超前行动（也叫先动性）两个子维度，对风险的管理态度则由风险承担性一个子维度构成。创新性是指改进或者创造新产品以满足顾客的需求，渴望不断变革、不断追求新创意、新机会；先动性指先于对手预测市场未来变化、发现新机会并率先采取行动的倾向，敢于挑战现状、创造自身竞争力的行为；风险承担性是指在不确定情境下进行创新活动或者进入未知新领域的倾向，以及在风险投资方面投注大量资源的意愿程度。

创造力研究起源于心理学领域，20 世纪 80 年代初，创造力在管理学领域逐渐得到了关注。员工创造力是员工在工作中针对产品、程序和过程等，提出新颖的、有用的想法，对促进组织创新、成功、发展至关重要。创造力并不是从事脑力劳动者所独有的，在适当的条件下，任何人都可显示出自己的创造力，不论从事何种生产活动，工艺流程的微小改动或者重大突破都属于创造力。

当组织提倡创新、先于对手和承担风险的战略导向时，领导自然成为企业战略导向的代理人、管理者和执行者。具体而言，内化了组织创业导向的领导会鼓励员工进行先导性、开拓性的创新活动，如产生新服务、新产品、新方法、新工艺等；同时，具有创业导向的领导会更关注竞争对手的行为和动向，敏于预测，先于行动，支持员工大胆提出新颖、有用的想法；此外，持有创业导向的领导还会对有较大失败风险的创新性项目给予资源承诺，愿意为员工承担探求新事物带来的风险，鼓励试错、包容出错。换句话说，创业导向型领导既身先士卒承担风险，同时也塑造了崇尚创新、敢为人先的组织价值观，为员工提供一个创新的氛围，致力于引领下属崇尚创新、敢于创新、先动创新和承担创新可能带来的风险。

此外，社会学习理论认为，个体常常通过榜样垂范进行学习。领导在组织中的独特地位，必然成为员工模仿的对象。领导的创业导向体现在组织管理过程的一言一行中，直接对员工的行为产生示范作用。在这样的情境氛围下，领导不仅为员工创新提供足够的支持，还为员工塑造了创新的示范性榜样，必定会充分激发下属的创造力。已有研究证明，创业导向可以为员工提供创新氛围，与员工创新、组织创造力有正向关系。基于此，本章提出如下假设：

H1：领导创业导向与员工创造力正相关。

H1a：领导创业导向创新性与员工创造力正相关。

H1b：领导创业导向先动性与员工创造力正相关。

H1c：领导创业导向风险承担与员工创造力正相关。

2. 领导创业导向对员工创造力自我效能感的作用

创造力自我效能感（Creative Self-efficacy）的概念最早由 Tiemey 和 Farmer 提出，他们将自我效能感引入创造力理论研究中。创造力自我效能感主要指个体对自身创新能力的感知以及自信程度，即个体对于自己是否有能力取得创新性成果的信念。这一概念在社会认知与学习领域得到广泛认同。

创业导向本身就是一种鼓励个体进行创新与变革的文化氛围和行为倾向，当领导具有创业导向时，就会表现出强烈的创新愿望、敢于冒风险、敢于迎接挑战、锐意先行，为员工提供创新性、先动性和风险承担的工作氛围，支持员工从事创造性的工作。员工得到领导对创新的支持、感受到创业导向的工作氛围时，会受到极大鼓舞，员工自身对于创造力的内在自我信念也会得到激发，形成较高水平的创造力自我效能感。已有多个研究从组织和领导个体的角度，考察了组织文化氛围和领导风格对员工创造力自我效能感的正向影响。比如，组织文化，特别是组织创新氛围对员工创造力自我效能感会产生积极影响。同时，家长式领导、变革型领导、愿景领导、管理者的支持对员工创造力自我效能感都产生正面影响。基于以上的研究证据，可以推断领导创业导向会正向影响员工创造力自我效能感。基于此，本章提出如下假设：

H2：领导创业导向与员工创造力自我效能感显著正相关。

3. 创造力自我效能感对员工创造力的作用

社会认知理论认为，个体行为的塑造受到其认知影响，效能信念驱动着其他一切可能的行为。创新源于不断突破现状，绝大部分新颖的想法均伴随着失败与被剽窃的风险；创新充满不确定性，常面临难以想象的困难，创新者往往承受来自各方的压力，需要保持持续的创造热情和持之以恒的努力。因此，员工内心是否具有坚定的信念去应对挫折和困难将对员工的创造力产生极大的影响。创造力自我效能感高的员工，由于其具有丰富的内在认知资源，创新士气得到提高，表现出高的创造力水平；而创造力自我效能感低的员工，由于内在认知资源较为匮乏，在同样的情境下，对创新行为明显信心不足，进而表现出低的创造力水平。因此，创造力自我效能感高的员工，无论处于挑战性还是障碍性工作情境，创造力水平的激发明显高于创造力自我效能感低的员工。

创造力自我效能感对员工创造力的积极影响已得到大量实证研究的支持。因此，从社会认知理论出发，结合以往的研究，员工创造自我效能感与员工创造力有显著相关性。基于此，本章提出如下假设：

H3：员工创造力自我效能感与员工创造力显著正相关。

4. 员工创造力自我效能感的中介作用

自我效能感是个体对其能否完成某项工作的预期，而预期是认知与行为的中介。从社会认知理论的角度来看，环境、个体和行为构成了三元交互模式，自我效能感是其中与行为距离最近的认知变量，也是将环境影响传导到行为的重要中介变量。基于该理论，很多研究者都关注到了创造力自我效能感在外部环境变量与个体创造力间的中介作用，并从组织因素、领导行为、工作相关因素、员工个人因素四个角度验证了创造力自我效能感的中介作用。比如，员工创造力自我效能感在组织文化氛围与创新行为中，在威权领导、仁慈领导、变革型领导、伦理型领导、支持型管理行为与员工创造力、员工创新中，在任务复杂性、学习导向、正念思维等与员工创造力中，在批判性思维、员工未来工作自我等个人因素与员工创造力中都产生中介作用。总的来看，创造力自我效能感是连接领导特征、领导风格与创造力之间的关键机制。

结合前文的分析，创业导向的领导不仅可以营造一个支持创新性、先动性、风险承担的工作氛围，还能身体力行为员工提供一个学习创新与创造行为的榜样示范，可以提升创造力自我效能感。对员工而言，在领导行为的引领下，深刻感知到组织创新氛围，激发自己对于创造新产品、新服务的信心，员工对于创新结果有足够自信（效能感），那么他们就敢于冒险、敢于尝试新方法，自身创造力最终得到激发。基于此，本章提出如下假设：

H4：员工创造力自我效能感在领导创业导向与员工创造力关系中起着中介作用。

基于上述探讨分析，本研究理论模型如图5-1所示。

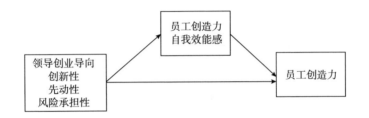

图5-1　本研究理论模型

三、研究设计

1. 样本收集

本研究根据张勇等（2018）关于员工创造力研究中样本选取的方法，选取样本为北京三家科技公司，涉及高管团队以及销售、产品、技术、运营、人力行政等各个部门，调查对象为各部门领导及其下属。研究得到了三家公司董事长大力支持，董事长多次在公司周例会上要求公司上下全力配合问卷调查。为了尽可能避免同源数据方法偏差的影响，调查采用领导与下属配对、自评与他评相匹配的方式分两次进行，第一次向下属发放问卷，邀请下属评价其上司的创业导向和下属自身的人口学信息，共向525名员工发放了问卷，回收 489 份，回收率 93.1%。第二次调查分为两个部分：一是领导评员工，由领导评价员工创造力并收集领导人口学变量的数据，共向 126 名团队领导发放问卷，回收 487 份员工创造力问卷，团队规模在 3~7 人，回收率 92.8%。二是下属对创造力自我效能感进行自评。共向 525 名下属发放问卷，回收 500 份，回收率 95.2%。去掉不匹配及无效问卷，最终获得了 426 对领导和下属的匹配问卷，有效回收率为 81.1%。

问卷中下属样本的特征如下：①下属男性人数占大多数，占比 67.8%；②年龄主要集中在 26~30 岁，占比达到 47.4%；③本科及以上学历占比 41.1%；④在企业工作年限在 1~3 年的占比 56.1%；⑤普通员工占比 82.4%。问卷中领导样本特征如下：①男性比女性多，男性占比达到 86.3%；②领导的年龄相对于员工群体来说较为年长，在 31 岁及以上的占比 70%；③领导学历为本科及以上的占比达 53.3%，领导群体学历相对下属整体比例较高；④在企业工作年限 3 年以上的占比 51.2%；⑤领导团队以基层领导为主，占比 56.4%。

2. 变量测量

为确保测量工具的信效度，本研究均采用学界广泛认可、国际通用的成熟量表，并请海归管理学博士对量表进行翻译和回译，确保量表在中国情境的适用性。除领导创业导向采用李克特 7 点量表外，其他均使用李克特 5 点量表。

（1）领导创业导向。采用 Anderson 等（2015）开发的三维度 9 题项量表，其中创新性测量包括"强调研发、技术领先和创新" 3 个题项，先动性测量包括"应对竞争对手时，我们团队通常发起竞争对手响应的行动" 3 个题项，风险承担性测量包括"我的领导强烈地偏好高风险（有很高回报的机会）的项目" 3 个题项。

（2）员工创造力。采用 Madjar（2011）开发的二维度 6 题项量表，包括激进创造力"这名员工有很多高度创新的点子" 3 个题项，温和创造力"这名员工以一种恰当的新方式来使用之前存在的想法或成果" 3 个题项。

（3）员工创造力自我效能感。采用 Tierney 和 Farmer（2011）开发 3 题项量表，包括"我觉得我善于想出新颖的点子""我有信心我可以创造性地解决问题""我善于完善、改进他人的想法"3个题项。

（4）控制变量。多个研究发现员工的性别、年龄、学历、职位、工龄会影响员工创造力，因此，本研究选择上述五项指标作为控制标量。

四、数据分析与结果

1. 同源方差分析

为了控制研究数据的共同方法偏差问题，本研究在调查过程中采用了领导员工配对、分两个时间点进行数据收集，对所有被试进行匿名调研以消除被试的顾虑。另外，本研究采用 Harman 单因素检验法对量表进行共同方法偏差检验，共析出四个特征根大于1的因子，总解释变量为73.578%，第一个因子的解释变量为28.631%，为总解释变量的38.912%，表明共同方法偏差不严重。

2. 信度与效度分析

本研究使用SPSS19.0软件对调查数据进行信效度检验，结果显示，领导创业导向及其三个维度创新性、先动性、风险承担性的 Cronbach's α 系数分别为0.879及0.710、0.791、0.842。员工创造力及其两个维度激进创造力、温和创造力 Cronbach's α 系数分别为0.916、0.892和0.813。员工创造力自我效能感的 Cronbach's α 系数为0.750。本研究所有量表 Cronbach's α 系数均大于0.7，测量信度较高。用 KMO 和 Bartlett 检验问卷效度，三个变量的 KMO 值均大于0.785，说明适合进行验证性因子分析。研究采用 AMOS24.0 验证各变量之间的区分效度，分别对领导创业导向、员工创造力和员工创造力自我效能感三个变量维度及题项进行验证性因子分析，如表5-1所示，三因子模型相对其他两个模型的拟合指数来说，均优于二因子和单因子模型，拟合效果最佳，可见研究中的变量具有较好的区分效度。

表5-1 验证性因子分析（N=426）

模型	χ^2/df	GFI	AGFI	CFI	NFI	IFI	RMSEA
三因子模型：X，M，Y	5.011	0.892	0.843	0.845	0.890	0.846	0.070
二因子模型1：X+M，Y	7.993	0.748	0.679	0.776	0.753	0.777	0.128
二因子模型2：X，M+Y	7.339	0.766	0.701	0.797	0.773	0.798	0.122
单因子模型：X+M+Y	14.741	0.538	0.414	0.556	0.541	0.558	0.180

注：X代表领导创业导向；M代表员工创造力自我效能感；Y代表员工创造力。

3. 描述性分析

表5-2显示了各变量及维度的均值、标准差及相关系数，可以看出分析结果与本研究的理论预测方向一致：领导创业导向、创新性、先动性、风险承担性与员工创造力（β=0.380、0.387、0.349、0.228，p<0.01）之间是正向相关，H1、H1a、H1b、H1c得到初步验证；员工创业导向与员工创造力自我效能感（β=0.310，p<0.01）之间是正向相关，H2得到初步验证；员工创造力自我效能感与员工创造力（β=0.440，p<0.01）之间是正向相关，H3得到初步验证。

4. 主效应与中介效应检验

本研究使用SPSS19.0统计软件对主效应和中介效应假设中的变量及其维度关系进行回归分析，探究领导创业导向及其三个维度对员工创造力的作用，领导创业导向对员工创造力自我效能感的作用，员工创造力自我效能感对员工创造力作用，以及员工创造力自我效能感的中介作用。

在回归分析中，首先代入控制变量（性别、年龄、学历、在企业工作年限和目前职位），然后代入自变量（领导创业导向及其三个维度创新性、先动性、风险承担性），分别验证这些变量与因变量员工创造力及中介变量创造力自我效能感的关系。如表5-3所示，领导创业导向、创新性、先动性、风险承担性与员工创造力显著正向影响（β=0.353、0.378、0.323、0.191，p<0.001，模型2、模型3、模型4、模型5）；领导创业导向与员工创造力自我效能感显著正向影响（β=0.290，p<0.001，模型7）。以员工创造力自我

表5-2　各变量均值、标准差、变量间相关系数 (N=426)

变量及维度	1	2	3	4	5	6	7	8	9	10	11
1. 性别											
2. 年龄	-0.194**										
3. 学历	0.161**	-0.103*									
4. 企业工作年限	-0.134**	0.499**	-0.047								
5. 目前职位	-0.043	0.331**	0.099*	0.304**							
6. 领导创业导向	-0.105*	0.010	-0.091	0.034	0.087						
7. 创新性	-0.086	-0.037	-0.091	0.006	0.016	0.843**					
8. 先动性	-0.112*	0.002	-0.097*	0.018	0.089	0.888**	0.674**				
9. 风险承担性	-0.070	0.061	-0.043	0.062	0.115*	0.806**	0.461**	0.582**			
10. 员工创造力	-0.198**	0.225**	-0.056	0.238**	0.214**	0.380**	0.387**	0.349**	0.228**		
11. 员工创造力自我效能感	-0.186**	0.209**	0.010	0.165**	0.204**	0.310**	0.284**	0.305**	0.197**	0.440**	
均值	1.320	2.230	2.280	2.150	1.200	4.445	4.615	4.615	4.105	3.662	3.791
标准差	0.468	0.903	0.733	0.958	0.468	1.289	1.538	1.508	1.529	0.802	0.643

注: * 表示 $p<0.05$; ** 表示 $p<0.01$。

效能感为自变量，以员工创造力为因变量，代入回归分析，结果如表5-4所示，员工创造力自我效能感对员工创造力及两个维度产生显著正向影响（β＝0.378、0.370、0.343，p＜0.001，模型2、模型3、模型4），因此，H1、H1a、H1b、H1c、H2、H3得到验证。

表5-3 领导创业导向及其维度对员工创造力、员工创造力
自我效能感的回归分析（N＝426）

变量	员工创造力					员工创造力自我效能感	
	模型1	模型2	模型3	模型4	模型5	模型6	模型7
常数项 控制变量	3.400***	2.309***	2.313***	2.485***	2.994***	3.529***	2.811***
性别	−0.104	−0.120	−0.122	−0.120	−0.144	−0.108	−0.130
年龄	0.077	0.098	0.110	0.098	0.077	0.112	0.129
学历	−0.031	0.001	0.003	0.000	−0.023	0.035	0.061
企业工作年限	0.134	0.129	0.126	0.135	0.130	0.047	0.043
目前职位	0.144	0.106	0.128	0.106	0.123	0.143	0.111
自变量							
领导创业导向		0.353***					
创新性			0.378***				
先动性				0.323***			
风险承担性					0.191***		0.290***
R^2	0.112	0.234	0.253	0.213	0.148	0.090	0.171
调整 R^2	0.102	0.223	0.242	0.202	0.136	0.079	0.160
F	10.632	21.285	23.620	18.939	12.126	8.293	14.451

注：＊表示 $p<0.05$；＊＊表示 $p<0.01$；＊＊＊表示 $p<0.001$。

表5-4 员工创造力自我效能感对员工创造力的回归分析（N＝426）

变量	员工创造力			
	模型1	模型2	模型3	模型4
常数项	3.400***	1.736***	1.461***	2.012***

续表

变量	员工创造力			
	模型 1	模型 2	模型 3	模型 4
控制变量				
性别	-0.104	-0.094	-0.092	-0.087
年龄	0.077	0.035	0.040	0.025
学历	-0.031	-0.045	-0.035	-0.050
企业工作年限	0.134	0.116	0.129	0.089
目前职位	0.144	0.090	0.105	0.065
自变量				
员工创造力自我效能感		0.378 ***	0.370 ***	0.343 ***
R^2	0.112	0.242	0.249	0.186
调整 R^2	0.102	0.231	0.238	0.174
F	10.632	22.333	23.161	15.916

注：* 表示 $p<0.05$；** 表示 $p<0.01$；*** 表示 $p<0.001$。

为了检验员工创造力自我效能感的中介作用，根据温忠麟（2004）提出的中介效应检验方法，将领导创业导向和员工创造力自我效能感同时引入回归方程式，检验员工创造力自我效能感对员工创造力是否具有明显影响，以及领导创业导向的效应是否消失（完全中介）或者减弱（部分中介）。从表 5-5 结果可知，将领导创业导向和员工创造力自我效能感同时引入回归方程式，领导创业导向对员工创造力的影响系数有所降低（β 值从 0.353 下降至 0.268），员工创造力自我感在领导创业导向对员工创造力的影响中起着部分中介作用，H4 得到验证。

表 5-5　员工创造力自我效能感在领导创业导向与

员工创造力的中介检验 （N=426）

变量	员工创造力		
	模型 1	模型 2	模型 3
常数项	3.400 ***	2.309 ***	1.274 ***

续表

变量	员工创造力		
	模型 1	模型 2	模型 3
控制变量			
性别	−0.104	−0.020	−0.082
年龄	0.077	0.098	0.060
学历	−0.031	0.001	−0.017
企业工作年限	0.134	0.029	0.086
目前职位	0.144	0.096	0.073
自变量			
领导创业导向		0.353***	0.268***
员工创造力自我效能感			0.295***
R^2	0.112	0.234	0.306
调整 R^2	0.102	0.223	0.294
F	10.632	21.285	26.295

注：*表示 $p<0.05$；**表示 $p<0.01$；***表示 $p<0.001$。

五、结论与讨论

1. 研究结论与理论贡献

本研究基于 426 份领导（包含 CEO、中层、基层领导）与下属配对的有效问卷，尝试从领导个体角度探索创业导向与员工创造力之间的关系，首次构建了领导创业导向、员工创造力自我效能感和员工创造力之间的影响机制。研究验证了领导创业导向对员工创造力的影响，结果表明：领导创业导向及其各维度与员工创造力正相关；领导创业导向与员工创造力自我效能感正相关；员工创造力自我效能感与员工创造力正相关；员工创造力自我效能感在领导创业导向与员工创造力之间起到部分中介作用。

本研究是一个全新的尝试。在以往的研究中，学者们一直将创业导向当作组织层面的变量来探讨其对员工创新、员工创造力的作用，而事实上，创业导向既是一种文化倾向，也是一种行为方式，组织的创业导向需要领导来倡导、塑造、建构和执行，并通过培育领导的提倡变革、创新与风险承担的倾向来进一步落地到每一个员工身上。本研究将创业导向作为领导个体层面对员工创造力的影响因素进行了验证，为深化拓展创业导向理论提供了一个新的分析框架，同时，开拓了创造力研究的新视角，丰富了员工创造力前因变量的研究，扩大了领导行为特征对创造力作用的内涵。

此外，研究基于领导在组织当中的作用发挥机制，将组织层面宏观的创业导向落实到具体的领导个体上，为组织在提升员工创造力的实践方面，提供了更容易操作的方式——凸显并具化了组织倾向、意图传导至员工的载体，由笼统的组织创业导向文化氛围，变为具体可操控的领导者创业导向行为，使员工创造力的激发变得更可控。同时本研究结果支持了社会学习理论和社会认知理论在领导行为与创造力研究领域的作用。

2. 实践启示

研究结果对组织管理实践有以下启示：首先，在竞争激烈且多变的外部环境下，组织应当重视领导创业导向对提升员工创造力自我效能感和员工创造力的作用。营造组织创新变革、承担风险氛围来鼓励员工创新、敢于挑战，领导者先要有创业导向，才能身先士卒，做好表率，通过榜样示范作用，激发员工的创造力及组织前进的动力。一是领导者自动塑造自身的创业导向行为模式；二是组织要聚焦选择、培养具有创业导向的领导者。组织在招聘选拔、绩效考核、薪酬体系、培训开发等一系列管理实施过程中，将创业导向作为培养、考核的核心指标，以此激发领导创新性、先动性和风险承担方面的特质。其次，在创造性活动中，个体内在的、持续的动力是获得高品质创新成果的重要心理资源。组织要大力倡导创业导向的价值文化，营造支持创新行为的工作氛围，提升员工创造力自我效能感，进而提升员工创造力。

3. 不足与展望

本研究可能存在的一些不足之处：第一，本研究采用的领导创业导向量表，在以往的研究中，基本上是对组织层面的测量，本研究用于领导个体层面的测量，测量效果是否产生偏差，需要进一步验证。第二，本研究验证了创造力自我效能感在领导创业导向与员工创造力之间的中介作用，自变量与因变量之间可能会存在着其他调节变量的作用，如绩效水平等，可以作为后续持续研究的新方向。第三，研究样本取自北京三家同行业的公司，数据样本局限在北京市，行业同质性高，在一定程度上可能会影响到研究结论的普适性，下一步研究需要拓展调研区域、行业（机械制造业、化工行业等），增加样本的多样性，以进一步检验和完善本研究结论。第四，研究为了减少因数据来源相同而产生的同源方法偏差，虽然采用了领导与员工自评与他评相结合、分两次进行的调查方式，但是获得的数据还是横截面的数据，有可能不能完全代表因果关系，后续研究可以采用纵向设计或者实验研究等加以完善。

第六章

创业型领导对员工创造力的影响
——工作旺盛感的中介作用

一、引言

随着"大众创业、万众创新"政策的不断推广，目前国内的创业势头越发强劲，同时各行各业的竞争也越发残酷。"如何能在竞争的洪流中站稳脚跟并发展壮大"成为创业者与潜在竞争者共同需要解决的命题。在创新创业过程中，创造力、创新力的强弱成为决定企业的核心竞争力强弱以及能否在竞争中获胜的关键性因素。

员工创造力是组织持续创新的重要动力源泉，它的丰富度和积累度直接关系着组织未来的生存与发展状况（Amabile，1996；Shalley et al.，2004）。员工创造力是指在工作过程中产生相关新颖及有用的想法的能力（Amabile，1996；Zhou，2003），即只要符合"新颖"和"有用"两个特点的想法、产品、程序等形式，都可以看作是有创造力的表现。

以往研究中，已发现员工创造力受个体因素（人格、动机等）和环境因素的影响，而环境因素更为复杂多变，其间的作用机制吸引了众多研究者们的目光。当前，环境因素的研究可分为三个板块——与工作相关的因素层面、团队层面和组织层面。与工作相关的因素中，工作复杂性被证实与员工的人格特质及支持性的监管风格共同积极作用于员工创造力（Oldham，1996），并且它不仅可以单独促进员工创造力，还与工作经历共同作用于创造性自我效能感，通过创造性自我效能感的中介作用间接影响员工创造力（Tierney &

Farmer，2002）。在团队层面的成果尤为丰富，如发现变革型领导、谦卑型领导、魅力型领导、授权型领导、仁爱型领导、真我型领导、包容型领导皆对员工创造力有显著的正向促进作用（Shin & Zhou，2003；丁琳和席酉民，2008；Gong et al.，2009；Wang，2009；Zhang，2010；张鹏程等，2011；刘景江和邹慧敏，2013；雷星晖等，2015；秦伟平和赵曙明，2015；孙圣兰和吕洁，2016；古银华等，2017）。在组织层面，则更多聚焦于组织文化与组织氛围对员工创造力的影响（刘效广等，2010；王端旭和洪雁，2011）。

领导作为影响员工行为的关键因素，需进一步明晰他的作用机制。领导不仅可以通过对员工提供支持与指导、创造宽松的工作氛围来激发员工的创造力（Zhou & George，2001；Madjar et al.，2002），还可以通过自身的领导力与领导风格来改变员工的创造力，而容易被忽视的一点是，领导也可以通过自身良好的工作行为来间接影响员工的行为，如领导投入创造性活动中，起到榜样的作用。基于此，创业型领导或与员工创造力有更为直接的积极促进关系。一方面，创业型领导对员工施加的领导力即可对员工具有激励作用，能够使员工对于风险性行为的接受度提高，在不确定的环境中，表现出更为灵活、创新的行为倾向；另一方面，员工通过与创业型领导的相处，逐渐习得他们的思维和行为模式，受到他们积极投入创新创业活动的行为影响，自发地表现出更多创造行为。

创业型领导擅长在不确定的环境中，创造性地提出解决办法和主动抓住一切可能的机会，并通过构建愿景，让员工们也投身于创新创业的活动中。他们能够冷静分析环境因素，并乐观地看待风险，富有创造力，这会让员工感受到领导的朝气，并在他们的指导和影响下学习到新的东西，这一过程与积极组织行为学中的"工作旺盛感"不谋而合。

工作旺盛感是指"个体在工作中同时体验到活力和学习的一种心理状态"（Spreitzer，2005），活力是个体主观感受到的一种充满能量和工作激情的状态（Miller & Stiver，1997；Nix et al.，1999），而学习是在工作过程中习得某种新知识或技能并不断提升自己的能力与自信的状态（Elliott & Dweek，

1988；Carver，1998）。换句话说，工作旺盛感让人感受到被鼓舞与快乐，并有所成长、欣欣向荣的心理状态。

基于此，本研究认为创业型领导可以通过影响员工的工作旺盛感，最终使员工创造力有所改变。

二、文献综述及假设提出

1. 创业型领导对员工创造力的影响

创业型领导指"创造一个愿景，以此号召、动员下属，并使下属承诺对战略价值创造进行发现与探索的一种领导方式"（Gupta，2004），即在不确定性环境中，领导者敢于面对风险，通过主动建立愿景、寻求创业发展机遇，来鼓励下属进行革新行为以实现最优绩效，并最终达成组织目标的领导过程（王重鸣，2006）。它与变革型领导、魅力型领导和愿景型领导等的区别在于，更强调在不确定环境下的适应与变革，与战略高度相关，并注重鼓励与带领下属进行创新创业行为（杨静，2012）。对于环境变化带来的挑战性与风险性，创业型领导者会表现出更多积极的主动变革行为，并期待通过自身领导力的影响，带领下属开辟新的工作模式以更好地适应环境。

员工创造力是在组织情境下，员工针对工作内容和组织提出新颖且有用的想法的能力（Amabile et al.，1996）。"新颖"是相对于以往形式中存在新的内容，它可以体现在新的产品、新的想法或理念以及新的工具等领域；而"有用"则代表了这些"新东西"要具有意义，它是能被实现或应用的，并在当前的具体情境下，有指导作用。因此，创造力不仅是专门从事创新行业的人员的专属，还是在不同的工作场景中，任何人都可使用的能力。

由于员工创造力讨论范围的扩大化，研究者们不再单一讨论个体因素对员工创造力的影响，而是聚焦在不同应用背景下的员工创造力变化状态上。例如与工作相关的因素中，工作复杂性、工作压力都会对员工创造力有不同程度的影响（Amabile，1999；Shalley，2009；Chang et al.，2014）。团队因素中，Tierney 等（2002）发现主管的支持水平越高，员工的创造性绩效越好；Zhou（2003）发现当个体与具有创造力的同事一同工作时，主管的密切监视程度越低，个体的创造力水平越高；Hirst 等（2009）研究发现团队认同能够提升个体从事创造性工作的努力程度，从而提升个体创造力。在组织因素中，组织支持、组织公平和组织文化等因素都对员工创造力有所影响。

目前，对于团队因素中的领导力与领导风格对员工创造力的影响研究较为丰富（Shin et al.，2003；丁琳和席酉民，2008；Gong et al.，2009；Wang，2009；Zhang，2010；张鹏程等，2011；刘景江和邹慧敏，2013；雷星晖等，2015；秦伟平和赵曙明，2015；孙圣兰和吕洁，2016；古银华等，2017）。张鹏程等（2011）通过对 196 对直接领导与员工进行配对问卷调查，发现魅力型领导对员工创造力有显著的正向影响，并且其对高个体主义员工的创造力影响大于低个体主义员工的；刘景江和邹慧敏（2013）采集了 114 名领导和员工的问卷调查样本，发现变革型领导正向影响员工的心理授权与创造力；雷星晖等（2015）通过对 326 对直接领导与员工进行配对问卷调查，发现谦卑型领导行为对员工创造力有显著的积极促进作用。Yang 和 Bentein（2023）经过实证研究发现创业型领导行为对员工创造力有显著的积极影响。

创业型领导作为近年来新提出的概念，鲜有人探究其与员工创造力之间的作用关系，但根据以往的研究结果不难发现，创业型领导和员工创造力所适配的环境是一致的，通常都是在不确定性、复杂性和风险性高的环境下进行的，并且创业型领导鼓励下属创新，给员工的创造行为提供了很多支持与肯定，同时，他们以身作则，能够带领员工探求新的路径与方法。因此，本章提出以下假设：

H1：创业型领导行为对员工创造力有显著的正向影响。

2. 工作旺盛感的中介效应

工作旺盛感是指个体在工作中体验到活力和学习的一种积极心理状态

（Spreitzer et al.，2005），它是一种理想的主观自我监控的因素。它包含"活力"和"学习"两个维度——"活力"是情感层面的，代表在工作中感受到充满"生机""激情"和"力量"的状态；而"学习"是通过吸收知识、习得技能和其他品质、才能等来提升自身能力和自信的过程，它是认知层面的（Spreitzer et al.，2005）。

工作旺盛感被广泛认为是能提升短期个体绩效和长期工作适应性的重要因素（Spreitzer et al.，2005），有研究表明工作旺盛感对工作满意度、组织承诺、组织公民行为和工作创造性行为具有积极的促进作用（Paterson et al.，2013；Milošević et al.，2014；Thakur et al.，2016；Riaz et al.，2020）。同时，它还能降低员工的心理消耗，让员工保持一种积极的心态，从而改善员工的身心健康（Hildenbrand et al.，2018；Walumbwa et al.，2018）。

当前，针对影响工作旺盛感的因素研究已取得较多进展，例如领导风格（Russo et al.，2018）、组织公平（Abid，2016）、自主决策（Liu & Bern-Klug，2013）等组织因素可对工作旺盛感产生影响。同时，一些职场人际关系方面也能对其产生影响，如同事关系（谢碧君，2016；Ehrhardt & Ragins，2019）和职场友谊（陈洪安等，2016）等因素。

在众多领导风格中，真实型领导、授权型领导、包容型领导、变革型领导皆已被证实能够显著影响员工的工作旺盛感（Mortier et al.，2016；Li et al.，2016；周霞等，2017；Hildenbrand et al.，2018），如真实型领导可以通过对员工表达同理心和给他们创造健康的工作环境而提升员工的工作旺盛感（Mortier et al.，2016），而变革型领导通过对员工的个性化关怀以及鼓舞性激励，让员工能够感受到工作和自身的意义与价值，从而提升工作旺盛感（李超平等，2006）。

结合创业型领导者的特点，其在给予员工支持、关怀和鼓励方面是比较突出的，即与真实型领导和变革型领导对员工的作用方式相似。但不同的是，创业型领导会表现出比较多的冒险行为，能够在不确定性高且复杂的环境中，主动寻求解决办法，并积极开辟新的路径，具有较高的创新精神，而这些

"新东西"对于员工来说是能带来"活力"感受的。同时，根据班杜拉的社会学习理论，个体会受所处的环境影响，从他人身上逐渐习得知识、技能，并模仿他人的行为，向个体的榜样靠拢。因此，一方面创业型领导者可主动向员工施加影响力；另一方面员工可主动从创业型领导者身上习得知识，以提升自身的实力，这激活了工作旺盛感的"学习"维度。因此，本章提出以下假设：

H2：员工工作旺盛感在创业型领导对员工创造力的影响路径中有显著正向的部分中介效应。

3. 样本来源

本研究以广西、广东的中小企业员工作为主要研究对象进行调查，问卷采用链接方式通过熟人微信、QQ 发放。调查时间为 2022 年 12 月和 2023 年 1 月。为保证调查质量，对参与调查的人员进行宣讲、通知和强调，消除心理顾虑，督促认真填答。在问卷中，测量了创业型领导行为、员工工作旺盛感、员工创造力等变量。将性别、年龄、受教育水平、组织年限、职位等作为控制变量。最终收集样本数量 206 个，其中有效数据 200 个，涉及企业 125 个。

4. 变量测量

本研究中所使用的量表一般为李克特 7 点量表，其中 1 代表"非常不符合"，7 代表"非常符合"。

（1）工作旺盛感（Thriving at Work）量表采用了由 Porath 等（2012）验证的工作旺盛感量表，该量表一共包含 10 个题目。其中一个代表性的题目是"工作中，我觉得自己充满活力"。本样本中此量表的 Cronbach's α 为 0.87。

（2）员工创造力（Environmental Dynamism for Team）量表采用由 Madjar 等（2011）验证的量表，该量表一共包含 6 个题目，其中一个代表性的题目是"我为工作提出改革性的新方法"。本样本中此量表的 Cronbach's α 为 0.90。

（3）创业型领导行为（Entrepreneurial Leadership）量表采用 Renko 等（2015）开发验证的量表，该量表包含 8 个题目，其中一个代表性的题目是

"我挑战并且推动他人以更加创新的方式行事"。本样本中此量表的 Cronbach's α 为 0.94。

（4）控制变量，基于以往的创业型领导的创业研究，本研究将性别（0代表女性，1 代表男性）、年龄、受教育水平（1 代表初中，2 代表高中，3代表技校或中专，4 代表大专，5 代表本科，6 代表硕士及以上）、组织年限、职位（1 代表一般员工，2 代表基层主管，3 代表中层主管，4 代表高层主管）等作为控制变量。本样本中此量表的 Cronbach's α 为 0.98。

三、数据分析

为了验证本研究中关键变量之间的区分效度，使用 Stata14 进行一系列的验证性因素分析，发现由创业型领导（领）、员工创造力（员）、工作旺盛感（工）构成的三因子模型，相比于其他模型更好地拟合数据（χ^2(183) = 913.6；$p<0.001$；RMSEA = 0.140；SRMR = 0.075；CFI = 0.79；TLI = 0.76）。具体结果如表 6-1 所示。

表6-1 概念区分效度的验证性因子分析 （N=200）

模型	χ^2 (df)	RMSEA	CFI	TLI	SRMR
模型 1：三因素模型（领，员，工）	913.6（186）***	0.140	0.79	0.76	0.075
模型 2：两因素模型（领+工，员）	1017.0（188）***	0.148	0.76	0.73	0.083
模型 3：单因素模型（领+员+工作）	1287.4（189）***	0.170	0.68	0.65	0.096

注：领=创业型领导；员=员工创造力；工=工作旺盛感；＊＊＊表示 $p<0.001$。

本研究中变量的描述性统计值如表 6-2 所示，其中展示了所有变量的均值、标准差和相关系数。可见，创业型领导与员工创造力显著正相关（r = 0.602，$p<0.001$），这为研究中的假设提供了初步支持。

表 6-2　变量的均值、标准差、相关系数和信度（N=200）

变量	均值	标准差	1	2	3	4	5	6	7
1. 年龄	29.77	10.33	1						
2. 性别	0.37	0.48	0.411**						
3. 受教育水平	4.23	1.20	0.142*	−0.057					
4. 职位	1.75	1.05	0.501**	0.229**	0.158*				
5. 创业型领导	5.08	1.10	−0.205**	−0.050	−0.069	0.026			
6. 工作旺盛感	5.41	1.02	0.076	0.059	−0.039	0.243**	0.585**		
7. 员工创造力	5.12	1.09	−0.018	0.070	0.011	0.145*	0.602**	0.719**	1

注：括号中为各变量的信度；* 表示 p<0.05；** 表示 p<0.01。

使用 SPSS 软件运行线性回归方程来检验本章中的假设。在表 6-3 模型 1 中，放入所有的控制变量包括性别、年龄、受教育水平和职位。在表 6-3 模型 2 中，继续放入创业型领导来预测员工创造力，发现创业型领导对于员工创造力具有显著的正向影响（B=0.606，SE=0.058，p<0.001），H1 得到支持。在表 6-3 模型 3 中，放入所有控制变量预测员工创造力，模型并不显著。在模型 4 中，继续放入创业型领导来预测员工创造力，创业型领导对于员工创造力的影响显著（B=0.606，SE=0.058，p<0.001）。在模型 5 中，放入所有控制变量，同时放入创业型领导、工作旺盛感来预测员工创造力，创业型领导对于员工创造力的影响显著且影响系数相较于模型 4 变小（B=0.271，SE=0.061，p<0.001），工作旺盛感对于员工创造力的影响同样显著（B=0.599，SE=0.065，p<0.001）。进一步采用 Preacher 和 Hayes（2004）的方法，放入所有控制变量之后，运行 PROCESS 4.1 使用 Bootstrap 方法重复抽样 5000 次来计算间接效应的偏差校正置信区间，发现创业型领导通过工作旺盛感对于员工创造力产生的中介效应值为 0.335（SE=0.060），95% 的偏差校正置信区间为 [0.229，0.461]，不包括 0，H2 得到支持。

表6-3　线性回归的数据结果（N=200）

变量	工作旺盛感		员工创造力		
	模型1	模型2	模型3	模型4	模型5
常数	5.357*** (0.310)	2.065*** (0.401)	5.149*** (0.336)	1.585*** (0.434)	0.350 (0.387)
年龄	-0.006 (0.009)	0.012+ (0.007)	-0.016+ (0.009)	0.003 (0.008)	-0.004* (0.006)
性别	0.031 (0.162)	-0.005 (0.130)	0.198 (0.175)	0.160 (0.140)	0.163 (0.117)
教育水平	-0.063 (0.061)	-0.036 (0.049)	0.005 (0.066)	0.035 (0.053)	0.057 (0.044)
职位	0.275** (0.079)	0.171** (0.064)	0.210* (0.085)	0.098 (0.069)	-0.004 (0.059)
创业型领导		0.560*** (0.054)		0.606*** (0.058)	0.271*** (0.061)
工作旺盛感					0.599*** (0.065)
R^2	0.068**	0.405***	0.039	0.387***	0.574***
ΔR^2	0.068**	0.337***	0.039	0.348***	0.188***

注：括号中展示的是回归系数的标准误；+表示 $p<0.10$；* 表示 $p<0.05$；** 表示 $p<0.01$；*** 表示 $p<0.001$。

四、结论与建议

创业型领导能在剧烈变化的环境下为员工提供鼓励变革的组织管理情景，为社会提供源源不断的创新动力。本研究通过对 200 份配对数据进行分析，探讨了创业型领导对员工创造力的影响和作用机理，并得到以下结论：

第一，创业型领导对员工创造力起正向作用，回归系数均为正，且在 1% 的水平上显著，说明创业型领导的特性越突出，越有助于员工产生创造力。

第二，工作旺盛感在创业型领导与员工创造力中存在部分中介效应，回归系数均为正，且在 1% 的水平上显著，说明员工在创业型领导的带领下，对工作会更积极主动，提高工作旺盛感，从而更愿意在工作中变革创新，从而提高创造力。

统计结果表明，工作旺盛感对创业型领导和员工创造力起中介作用，据此提出提升员工创造力的对策建议：

第一，激发员工创造力需要以创业型领导为核心。在市场复杂多变的当下，创业型领导能在复杂和不确定的环境中寻找机会和创造性地解决问题，并可以持续创新和变革（Gupta，2004）。因此，创业型领导能在不断变化的环境下给予员工创造性解决问题的支持，给员工提供宽松的创新环境，进而提升员工创造力。

第二，提高员工工作旺盛感能有效提升员工的创造力。创业型领导会表现出比较多的冒险行为，能够在不确定性高且复杂的环境中，主动寻求解决办法，并积极开辟新的路径，给员工带来更多的工作旺盛感。因此，在创业型领导的指导下，可给员工更多的授权和变革支持，从而提升员工的工作旺盛感，进而提升员工的创造力。

第七章

大学生创业领导行为的
前因探究

一、引言

大学生创业是大学生就业的一部分，其本身具备带动部分就业的特有属性，对稳定就业、促进我国经济社会发展以及推动"大众创新、万众创业"方面有着举足轻重的作用，同时，大学生创业也是创新发展的重要途径，有关大学生创业的话题成了诸多研究的对象。大学生创业是缓解越发增大的就业压力的重要途径，因此，大学生创业成功不管是对宏观就业形势还是对微观个人民生都显得尤其重要，而大学生创业的团队领导者具备创业领导力是大学生创业成功的重要基础。在郑晓明等（2015）来看，创业的全过程都离不开创业领导力的影响，从起步阶段创业思想的萌芽、资源的整合、团队的建设，到创业活动的实施、绩效的评价过程，都离不开创业领导力的作用。领导力是指导他人、激励他人在组织中取得杰出成就的能力。由此可见，大学生创业的全过程都伴随着大学生创业领导力的发挥，不少研究已表明，大学生创业领导力与大学生人格特质息息相关。叶映华（2009）提出大学生创业人格特质量表包括坚持与成就动机、问题解决能力、内在控制源以及创新性四个因素。谢晓非等（2002）的研究表明成就动机与个体的控制源特征显著相关。受此启发，本章拟探讨成就动机对大学生创业领导力的影响，并进一步探讨社会经济地位和创业学习对成就动机与创业领导行为之间关系的调节作用。

二、相关文献研究回顾

1. 关于大学生创业领导力的研究

大学生创业领导力是领导力的衍生概念，目前针对大学生创业领导力的研究较少。当前创业领导力的研究主要有战略管理和领导学两个方向，前者强调领导对于环境和资源的管理、发掘、创新能力，由 R. Duane Ireland 等学者于 1999 年提出，后者是 Vipin Gupta 等学者的观点，认为创业领导力是类似于魅力型领导、变革型领导力等类型的综合领导力模式，是基于领导对组织、下属的一系列创业行为和特质的协同结果（郑晓明等，2015）。根据 Cupta（2004）的观点，创业领导力是领导者通过规划企业愿景，组织和动员企业成员，使他们作出愿景承诺，并实现企业战略价值的一种能力。领导力是领导者在特定的情境中感染和影响被领导者与利益相关者并持续实现群体或组织目标的能力（陆园园等，2013），是一种影响力，它一般是基于专业性或者个人魅力去影响他人，使他人愿意追随的过程（曹科岩，2012）。大多数中国学者认为领导力是一种领导者培养和引导被领导者积极参与的能力以及影响团队实现愿景或目标的能力（赵培培，2018）。樊晶和付明明（2011）认为，创业领导力是创业团队的领导者通过对某种信息、资源、机会或者掌握某种技术的整合，引导团队基于现有的人力和客观条件，尽可能以最低成本为团队转型并创造更多财富和价值，实现团队的最高追求或目标，实现最佳成果的能力。李国彦和李南（2018）对江苏省青年创业领导力的调查分析后提出创业领导力涵盖三个层面，即创业战略制定、资源组织与团队构建，青年创业领导力是创业管理过程中创业者自我效能、先验知识、资源整合和团队建设能力，包括所需的知识与能力。李夏妍（2016）指出大学生领导力体现出个别大学生已经具备领导和管理某个团队的能力，以实现团队共同目标和团队成员的愿望的品质和能力，包括"构建愿景""战略决策"

和"工作实践"以期实现团队目标的过程中表现出的特质和能力的基本特征。在赵培培（2018）来看，大学生创业领导力即大学生个体在创业过程中，利用其所能利用的资源环境，通过将各种信息的获取以及各类信息条件与自身资源进行整合，带领自己的团队，在充分利用现有条件下，利用掌握的某种信息、资源或技术，以最小成本激励个人或整个组织以创造最大的价值、达到最佳的结果，并达到团队的最高目标的能力。归纳以上关于大学生创业领导力的研究不难发现，大学生创业领导力与大学生的个人特质有关，是以大学生个人能力特质为前提，利用对环境的识别、对各种信息技术资源的整合，通过对团队成员的引导和激励，共同实现团队愿景的能力。

2. 关于大学生创业成就动机的研究

成就动机源于默里的成就需要理论（徐金凤，2015），随后 McClelland（1976）首次提出成就动机理论，认为成就动机是指个体在竞争环境下，对以较少的努力把事情做得更快、更好、更有效的渴望，并逐渐引起学者们的研究热情，形成了 Atkinson 的"期望—价值"成就动机理论、Weiner 的成就动机归因理论以及 Dweck 的成就目标理论等成就动机理论（胡晋，2018）。成就动机理论认为人类行为背后是个体的成就需要动机，追求实现更高社会目标的驱动力，它激励个体寻求以更高水平的方式和工具去实现这一目标，并且个体在追求目标的过程中努力避免失败，积极追求获得成功的结果。还有研究表明成就动机对创业意向产生显著正向影响（艾娟等，2016；秦瑶，2020），当前对大学生创业成就动机的研究大多是围绕成就动机对大学生创业意愿的影响，对成就动机与大学生创业领导力的研究较为欠缺。

3. 关于大学生创业社会经济地位的研究

社会经济地位代表着个体在社会结构层级中的占位，反映了个体获取资源的能力（Zhou et al., 2020）。已有研究证明，创业者的社会经济地位是影响创业过程相关决策的重要因素。一项针对英国 6116 位 34 岁以下年轻人的长程追踪调研结果表明，根植于家庭的社会经济地位可以有效预测女性个体的创业行为（Schoon & Duckworth, 2012）。此外，有学者针对来自 446 个样本中的 312940 个被试进行元分析，发现社会经济地位可以有效提升个体的自尊心水平（Twenge & Campbell，2002）。一项基于 411 名创业者和中小公司管理者的研究表明，自尊心水平可以显著影响变革型领导行为，并最终促进成功创新（Matzler et al.，2015）。由此可以看出，社会经济地位在大学生创业过程中可以对创业领导行为产生一定的影响。

4. 关于大学生创业学习的研究

对创业学习的研究一般分为个体学习和组织学习的视角。创业学习的概念目前在学界还没有形成共识，根据不同的研究视角也会有不同的理解，得到比较普遍认同的观点是，创业学习是对机会、知识、信息、资源和环境等方面的整合学习，能有力促进创业成功。有研究认为创业学习是对外部创业经验的重新组合，是将外部创业知识和结构经过加工之后内化为创业者内部心理结构的一个过程，因此，创业学习是一个包括信息获取、处理、记忆和提取在内的完整过程，创业学习最终体现为创业者认知的改变，从而提升创业者的自我效能感，促进创业导向（周必彧，2015），并且创业学习可以帮助新创企业提炼创业经验和识别创业机会，建立竞争优势，促进创业成功（张秀娥等，2017；张秀娥等，2019；骆鑫，2023）。同时创业学习对新创企业商业模式创新、投入拼凑、顾客拼凑和制度拼凑均有正向的影响（张红，2017）。然则，当前对创业学习的研究主要集中在创业学习、创业能力与创业成功之间关系的研究，且创业学习的实证研究更偏重于大中型企业的组织学习，对小微企业及个体创业者的学习研究不足（张秀娥等，2017）。从可获取的文献来看，针对创业学习的调节作用研究也较少，更多的是将创业学习作为因变量进行研究，从而本章对于创业学习作为调节变量研究可参考的文献也是极其有限的。

显然，目前在国内已有大量关于大学生创业话题的研究，然而研究的内容主要是关于大学生的创业意愿、影响大学生创业和创业意愿的一些因素、大学生个人特质与创业之间的关系以及大学生创业能力培养和提升等方面，针对大学生创业领导力的前因探究较少。由此，本章依托于领导身份建构理论中的领导风险感知逻辑，来探讨大学生的成就动机、社会经济地位和创业学习对于创业领导行为的影响，尝试揭示大学生创业领导力的前因（De-Rue & Ashford，2010；Zhang et al.，2020）。

三、研究假设的提出

1. 成就动机与大学生创业领导行为的关系

成就动机是实现自我的一种主动求成的内在驱动力，是企业家核心特质的一种。McClelland（1961）认为，成就动机就是与自己所特有的良好或优秀的标准相竞争之下，个人所学习而来的一种追求成功的需要或驱动力。Nicholls（1982）认为，成就动机是人们在完成任务的过程中，力求获得成功的内部动力，即个体对自己认为重要的、有价值的事情乐意去做，努力达到完美的一种内部推动力量。在尹俊等（2013）来看，企业家对成就和风险的态度是企业家特征中两个核心方面，具有强烈的成就动机的人希望不断提高工作效率，力图将事情做得更完美，并获得更大的成功。这就意味着企业家的成就动机越强，冒险倾向越高，以大学生创业成就动机与冒险倾向的研究也得出同样的结论。孙跃等（2011）的研究表明大学生成就动机越强，其本人的风险倾向越趋于冒险。

创业活动往往伴随着创业风险的产生，对待风险的态度成为创业者最为显著的品质特征，并且个体越倾向于冒险，大学生越将创业风险看作是创业机会，创业意愿就越强（孙跃等，2011），从而激发大学生创业领导力，以带领创业团队抓住创业机会，获得创业成功。冒险倾向蕴含个体在职业生涯发展过程中对变化和不确定性的适应能力并不断追求变化的意愿（杨煜，2020），参考本书第三章的研究也可证明，创业意愿越强的情况下，大学生发挥创业领导力的可能性就越大。

Philips 和 Gully（1997）的研究发现个体成就动机与目标水平正相关，成就动机越高，个体为自己设定的目标水平就越高，追求更高绩效水平的愿望就越强烈。个体对高水平目标的追求越强烈就越愿意克服各种困难，倾向于冒险。而 Morrison 研究发现冒险倾向高的个体更有可能做出更多的角色外行为，这些角色外行为就包括主动变革行为（2006），从而更好地适应环境的不确定性，破解创业发展的障碍。依照领导身份建构理论的领导风险感知逻辑，具有高水平成就动机的大学生愿意、敢于、乐于承担创业领导身份的风险（DeRue & Ashford，2010；Zhang et al.，2020）。大学生在创业过程中的成就动机使大学生提高对创业目标的追求，有勇气对创业过程中遇到的风险进行挑战，进而激发大学生的创业领导力。基于此，本章提出以下假设：

H1：成就动机正向影响大学生创业领导行为。

2. 社会经济地位在成就动机与大学生创业领导行为之间的正向调节作用

社会经济地位代表着个体具有特定资源以及获取特定资源的能力。最近，针对大学生求职策略和求职结果的研究，认为来自不同社会阶层，具有不同社会经济地位的大学生，在经济资本、社会资本和文化资本方面存在差异（Fang & Saks，2021）。具体而言，具有较高水平社会经济地位的大学生，往往具有比较充足的经济资本，具有广泛的人脉关系，以及开阔的文化视野。依照领导身份建构理论的领导风险感知逻辑（DeRue & Ashford，2010；Zhang et al.，2020），具有较高成就动机的大学生愿意承担创业领导身份带来的风险，而较高水平的社会经济地位在客观条件上为大学生承担创业领导身份的风险提供了充足的资源保障，使得高成就动机的大学生有能力、有底气、有资源去应对领导创业团队过程中遇到的困难和挫折。因此，社会经济地位可以强化成就动机和大学生创业领导行为之间的关系。基于此，本章提出以下假设：

H2：社会经济地位在成就动机与创业领导行为之间起到正向的调节作用，即当社会经济地位水平越高时，成就动机和大学生创业领导行为之间的正向关系越强。

3. 创业学习在成就动机与大学生创业领导行为之间的负向调节作用

创业学习是一个涉及创业者自我经验的转化、借助于他人有价值的信息进行认知加工过程以及基于特定情境进行亲身实践等一系列复杂的知识创造过程，包括经验学习、认知学习和实践学习三个维度，且创业学习的有效性在很大程度上决定创业活动的成败（单标安等，2014）。杜海东（2014）的研究发现经验学习在创业初期因路径依赖的特征，不易促进创业团队成员之间对不同观点的接纳和理性分析，因而会给团队成员之间的知识分享和整合带来负面影响，因此，经验学习更适合于个体创业者，而不适用于具有异质性经验的创业团队。叶想忠（2020）的研究则表明探索式学习则在创业网络资源开发与创业绩效的关系中起负向调节作用，不利于创业绩效的提升。大学生创业活动往往是建立新创企业，特别需要团队内外环境资源的整合，特别是需要借鉴相关的创业经验知识，但是经验学习恰恰不适合处于创业初期的团队成员的信息整合，也就是说创业学习会使具备高水平成就动机的个体表现得更为审慎，趋于保守。依照领导身份建构理论的领导风险感知逻辑（DeRue & Ashford，2010；Zhang et al.，2020），创业学习会使高成就动机的大学生在选择创业角色、制定创业方案的初期意识到担任创业领导所带来的潜在巨大风险，降低高成就动机大学生进一步承担不确定风险的意愿，因此会阻碍高成就动机大学生做出创业领导行为。基于此，本章提出以下假设：

H3：创业学习在成就动机与创业领导行为之间起到负向的调节作用，即当创业学习水平越高时，成就动机和大学生创业领导行为之间的正向关系越弱。

根据上述假设，本章的研究模型如图 7-1 所示：

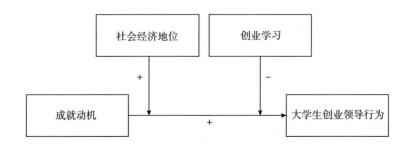

图 7-1 本章的研究模型

4. 样本收集

本研究以某师范类高专的学生作为主要研究对象，以长期跟踪调查的方式分别对 2018 级学生实施了两次调查，调查时间为 2018 年 10 月和 2021 年 6 月。在新生入学一个月内进行第一次测量，毕业实习 4~6 个月后，学生普遍具有就业创业经历，回校领取毕业证书之际实施第二次测量。为调查的便利考虑，基本采用整群抽样方式对所有学生发放问卷测量。将两次调研的问卷进行匹配后获得有效问卷 362 份配对数据。最终的样本中，以数学教育、物理教育、旅游管理、酒店管理、商务英语等专业为主，女生 307 名，占比 84.80%，这与高专院校的男女性别比例保持一致。在第一次问卷中，本研究测量了大学生的性别；在第二次问卷中，测量了大学生的成就动机、社会经济地位、创业学习、创业领导行为、先前创业经验、专业满意度、专业了解程度等。

5. 变量测量

本研究中所使用的量表一般为李克特 7 点量表，其中 1 代表"非常不符合"，7 代表"非常符合"。

（1）成就动机量表采用了由 Chun 和 Choi（2014）验证的成就动机量表，该量表一共包含 5 个题目。其中一个代表性的题目是"生活中，我努力提高自己的表现"。本样本中此量表的 Cronbach's α 为 0.86。

（2）社会经济地位量表采用由 Griskevicius 等（2011）验证的量表，该量表一共包含 6 个题目，其中一个代表性的题目是"我在一个相对富裕的地方长大"。本样本中此量表的 Cronbach's α 为 0.92。

（3）创业学习量表采用了 Zhao 等（2014）验证的量表，该量表包含 4 个题目，其中一个代表性的题目是"在学校提供的创业相关领域的教育中，我学到了足够的公司创业知识"。本样本中此量表的 Cronbach's α 为 0.98。

（4）创业领导行为量表采用 Renko 等开发验证的量表，该量表包含 8 个题目，其中一个代表性的题目是"我挑战并且推动他人以更加创新的方式行事"。本样本中此量表的 Cronbach's α 为 0.94。

（5）控制变量，基于以往的大学生创业研究，本研究将性别（0代表女性，1代表男性）、对所学专业的满意度（1代表很不满意；5代表非常满意）、专业了解程度（1代表一点不了解，5代表非常了解）和先前创业经验作为控制变量。其中，先前创业经验采用 Zhao 等（2005）编制的 3 个题目的量表，其中一个代表性的题目是"我拥有很多新创企业的相关经验"。本样本中此量表的 Cronbach's α 为 0.98。

四、数据分析

本研究针对模型中的关键变量进行了验证性因素分析来检验变量之间的区分效度。使用 Stata14 的分析结果表明，由成就动机（成）、社会经济地位（社）、创业学习（学）、创业领导行为（领）和先前创业经验（验）构成的五因子模型优于其他备选模型 [χ^2（289）= 1161.20，p<0.001；RMSEA = 0.09；SRMR = 0.07；CFI = 0.91；TLI = 0.90]。如表 7-1 所示，本研究中的关键变量之间具有良好的区分效度。

表 7-1　本研究中关键变量的验证性因素比较（N=362）

模型	χ^2（df）	$\Delta\chi^2$（df）[a]	RMSEA	CFI	TLI	SRMR
模型 1：五因素模型（成，社，学，领，验）	1161.20（289）***		0.09	0.91	0.90	0.07
模型 2：四因素模型（成+社，学，领，验）	2125.72（293）***	964.52（4）***	0.13	0.82	0.80	0.16
模型 3：四因素模型（成+学，社，领，验）	2010.57（293）***	849.37（4）***	0.13	0.83	0.81	0.13
模型 4：四因素模型（成+领，社，学，验）	1730.78（293）***	569.58（4）***	0.12	0.86	0.84	0.08
模型 5：四因素模型（成+验，社，学，领）	3116.18（293）***	1954.98（4）***	0.16	0.72	0.69	0.16

续表

模型	χ^2 （df）	$\Delta\chi^2$ （df）^{a}	RMSEA	CFI	TLI	SRMR
模型 6：三因素模型（成+社+学，领，验）	3419.60 （296）***	2258.40 （7）***	0.17	0.69	0.66	0.18
模型 7：三因素模型（成+社+领，学，验）	3157.61 （296）***	1996.41 （7）***	0.16	0.71	0.69	0.15
模型 8：三因素模型（成+学+领，社，验）	3576.22 （296）***	2415.02 （7）***	0.18	0.68	0.64	0.11
模型 9：三因素模型（成+学+验，社，领）	3643.12 （296）***	2481.92 （7）***	0.18	0.67	0.64	0.15
模型 10：二因素模型（成+社+学+验，领）	4977.29 （298）***	3816.09 （9）***	0.21	0.54	0.50	0.18
模型 11：单因素模型（成+社+学+领+验）	6376.30 （299）***	5215.10 （9）***	0.24	0.40	0.35	0.20

注：成=成就动机；社=社会经济地位；学=公司创业学习；领=创业型领导；验=先前创业经验；*** 表示 $p<0.001$。

本研究中的所有变量的描述性统计信息如表7-2所示，包含所有变量的均值、标准差和相关系数。从表7-2可知，成就动机和创业领导行为存在显著的相关关系（$r=0.56$，$p<0.01$），初步支持了本章研究假设。

表7-2 本研究中变量的描述性统计、相关系数和信度（N=362）

变量	均值	标准差	1	2	3	4	5	6	7	8
1. 性别	0.15	0.36								
2. 专业了解度	3.59	0.80	0.05							
3. 专业满意度	3.31	0.96	0.06	0.52**						
4. 先前创业经验	3.57	1.49	0.12*	0.06	0.06					
5. 成就动机	5.33	0.92	0.14**	0.29**	0.22**	0.22**	(0.86)			
6. 社会经济地位	3.38	1.45	0.08	0.11*	0.12*	0.52**	0.22**	(0.92)		
7. 创业学习	4.30	1.36	0.14**	0.18**	0.24**	0.54**	0.37**	0.37**	(0.98)	
8. 创业领导行为	4.81	1.04	0.15**	0.24**	0.23**	0.45**	0.56**	0.32**	0.57**	(0.94)

注：括号中为各变量的信度；* 表示 $p<0.05$；** 表示 $p<0.01$。

本研究进一步采用分层回归分析的方法来验证提出的假设。具体而言，在 SPSS 软件中，将性别、专业了解度、专业满意度、先前创业经验作为控制变量放入回归模型中，将成就动机作为自变量放入回归模型中，如表 7-3 中模型 2 所示，成就动机对于创业领导行为具有显著的正向影响（B = 0.50，SE = 0.05，p<0.001），H1 得到支持。

表 7-3　验证研究假设的分层回归结果（N = 362）

变量	创业领导行为				
	模型 1	模型 2	模型 3	模型 4	模型 5
常数	2.61*** (0.25)	0.77** (0.28)	0.74** (0.28)	0.73** (0.26)	0.70** (0.26)
性别	0.24 (0.13)+	0.11 (0.12)	0.09 (0.12)	0.11 (0.11)	0.10 (0.11)
专业了解度	0.20** (0.07)	0.07 (0.06)	0.05 (0.06)	0.05 (0.06)	0.03 (0.06)
专业满意度	0.12* (0.06)	0.08 (0.05)	0.08+ (0.05)	0.02 (0.05)	0.03 (0.05)
先前创业经验	0.29*** (0.03)	0.24*** (0.03)	0.21*** (0.03)	0.13*** (0.03)	0.11** (0.03)
成就动机		0.50*** (0.05)	0.51*** (0.05)	0.44*** (0.05)	0.46*** (0.05)
社会经济地位			0.02 (0.04)		0.01 (0.03)
成就动机×社会经济地位			0.05+ (0.03)		0.06* (0.03)
创业学习				0.25*** (0.04)	0.24*** (0.04)
成就动机×创业学习				-0.07** (0.03)	-0.09** (0.03)
R^2	0.26***	0.43***	0.44***	0.50***	0.51***
ΔR^2		0.17***	0.18***	0.24***	0.25***

注：括号中展示的是回归系数的标准误；+表示 p<0.10；＊表示 p<0.05；＊＊表示 p<0.01；＊＊＊表示 p<0.001。

在验证 H2 时，本研究将控制变量放入回归方程，同时将成就动机、社会经济及地位，以及二者中心化之后的相乘交互项放入回归方程。如表 7-3 中模型 5 所示，成就动机和社会经济地位的交互项对于创业领导行为具有显著的正向影响（B = 0.06，SE = 0.03，p = 0.031）。根据 Aiken 等（1991）推荐的验证程序画图，成就动机和社会经济地位的交互作用模式如图 7-2 所示。具体而言，当社会经济地位处于较高水平（高于均值一个标准差）时，成就动机对于创业领导行为的正向影响作用更强（B = 0.54，SE = 0.07，t = 7.96，p<0.001）；当社会经济地位处于较低水平（低于均值一个标准差）时，成就动机对于创业领导行为的正向影响作用更弱（B = 0.38，SE = 0.06，t = 6.81，p<0.001），H2 得到支持。

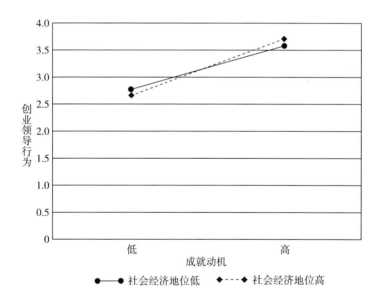

图 7-2　社会经济地位对于成就动机和创业领导行为之间关系的调节效应

在验证 H3 时，本研究将控制变量放入回归方程，同时将成就动机、创业学习，以及二者中心化之后的相乘交互项放入回归方程。如表 7-3 中模型 5 所示，成就动机和创业学习的交互项对于创业领导行为具有显著的负向影响（B=-0.09，SE=0.03，p=0.001）。根据 Aiken 等（1991）推荐的验证程序画图，成就动机和创业学习的交互作用模式如图 7-3 所示。具体而言，当创业学习处于较高水平（高于均值一个标准差）时，成就动机对于创业领导行为的正向影响作用更弱（B=0.34，SE=0.06，t=5.97，p<0.001）；当创业学习处于较低水平（低于均值一个标准差）时，成就动机对于创业领导行为的正向影响作用更强（B=0.58，SE=0.07，t=8.86，p<0.001），H3 得到支持。

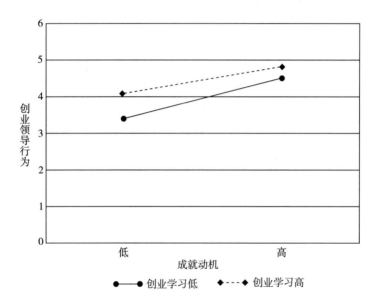

图 7-3 创业学习对于成就动机和创业领导行为之间关系的调节效应

五、结论

本章主要是对大学生创业领导力的前因进行探讨，从数据分析结果可以看出，大学生创业成就动机对大学生创业领导行为具有正向的促进作用，此外，社会经济地位正向调节这一作用，而创业学习负向调节这一作用。

成就动机对创业领导行为具有正向的影响。王芳（2013）通过对影响大学生领导力的因素的研究，得出结论认为影响大学生领导力发展的因素一般分为主观和客观两类。所谓主观因素，是指个人自身的主动因素，另一类是客观因素，指个体发展必不可少的外部条件，而个人自身的主观因素则与创业大学生的个人创业特质有关，会受到大学生的个人所具备的创业特质的影响，其中，成就动机就是重要因素之一。诸多研究普遍承认并多方面证实成就动机是人类重要的基本动机，对人类的自身行为有广泛的、深刻的影响，高成就动机者在与成就相关的任务中表现得更具有坚持性、能取得更高的绩效等（孙跃等，2011），因此，在面对创业过程中的风险性挑战时，具备高成就动机的创业者将更倾向于冒险，以获得创业的成功。风险性是创业活动的重要特征，特别是在激烈的市场竞争环境下，创业活动所面临的不确定性更强。具有成就动机的个体具备一定的冒险精神，进而带领创业团队成员充分整合利用所掌握的资源、技术、信息等条件，展现出大学生创业领导力，得以在创业活动中带领创业团队统一思想认识，形成创业团队系统性合力，获取创业优势。

社会经济地位在成就动机与大学生创业领导行为之间起到正向的调节作用。社会经济地位代表了大学生的资源禀赋，在大学生进行创业决策以及具体创业身份选择时具有重要的支撑作用。虽然具有成就动机的大学生愿意承担创业领导角色带来的风险，但是客观条件是否允许，尤其是否具有充足的经济资源、社会网络资源和文化资源来应对创业领导身份的风险挑战将是大学生是否真正承担领导角色的症结所在。对于高水平社会经济地位的大学生，他们具有足够的资源和底气去面对创业过程以及承担创业领导角色过程中的不确定性和损失威胁，因此社会经济地位会进一步强化成就动机和大学生创业领导行为之间的关系。

创业学习在成就动机与大学生创业领导行为之间起到负向的调节作用。Atkinson 将成就动机分为对为达目标成功的追求和害怕失败而远离目标两种形式（赵婧，2015）。创业学习是指创业者在创业过程中进行的学习行为，包括获取资源和提升网络化能力，壮大创业团队、对经验的总结、对既往战略的反思、对失误的认知等（Deakins & Free，1998）。大学生创业学习的主体是大学生，是指大学生创业之前进行的有目的的创业知识的学习（尹程等，2018；欧阳琳，2020）。对成功的追求和对失败的规避二者是一体两面，当对成功的追求的强烈程度超过对失败的恐惧时，大学生在创业过程中就更愿意冒险，承担领导角色。相反，当对失败的恐惧超越对成功的追求时，大学生在创业角色选择过程中则将倾向于保守，不愿意承担创业领导角色，而在其中起调节作用的正是创业学习。创业学习会帮助具有成就动机的大学生更加全面、完整、深入地认知担任创业领导角色所带来的风险，因为会减弱成就动机和创业领导行为之间的关系。从以上模型数据的分析可知，大学生的创业学习负向调节了成就动机对创业领导行为的促进作用。

第八章

大学生学习能力与创业行为的关系研究

——创业自我效能感、乐观的作用

一、问题的提出

创业是经济发展的引擎，"双创"可以引领经济和社会的可持续发展，应对经济发展的各种挑战。大学毕业生是未来创业队伍中最具活力的生力军。如何促进大学生的创业行为，是一个事关教育成效、经济繁荣和社会稳定的重要议题。为此，各高校投入了大量资源开展创业教育，如开设创业课程、举办双创竞赛、营造创业氛围、建设创业实践平台等。尽管如此，大学生创业仍呈现一低（创业概率）一高（创业失败率）状况。原因可能与学校创业教育的内容、方式有关，也可能与大学生进行学习、获取信息的能力相关。已有研究从大学生创业学习的角度关注了学习投入、学校创业支持、学习内容、方式等对创业活动的影响，但是决定个体学习效果的关键认知因素——学习能力往往被默认是大学生理所当然具备的学习基础条件，却未得到应有的重视。然而，在现实的教育和社会生活中，每个大学生甚至每个人的学习能力却是参差不齐的，进而影响了每个人的人生走向和择业状态。让人惊讶的是，在创业教育以及创业其他研究领域，学者们往往因为过度关注创业学习的内容，而缺少对于大学生学习能力和创业行为之间关系的实证探讨。那么，大学生学习能力与创业行为是否相互作用？内在机理如何？这是促进大学生创业，并获得持续发展的重要话题。

众所周知，创业活动非常重要的特征是未来的不可预知性和情境的独特性，没有标准化的流程和过程，创业者需要在创业活动中不断更新或者重塑已有的知识结构，需要持续不断地、有效地学习获取知识、创新方法来识别创业机会、应对各种挑战和困难，确保企业可持续成长。有效的创业者就是优秀的学习者，需要边干边学，从一切可能中学习，除亲身实践外，还向供应商、顾客、竞争者、合作伙伴、员工、其他创业者等他人学习，以完善创业的过程管理。

班杜拉将个体通过观察学习他人获得社会行为的过程称为社会学习，认为个体为满足社会需要，通过在社会环境中学习，而掌握社会知识、经验、行为规范和技能，形成和发展个性，进而改变自己的行为。如果说学习活动是个体适应社会、获取和创造新资源、求得生存和发展的必不可少的社会活动，那么，个体的学习能力是一项最基本的生存能力。因此，学习能力必然成为影响创业行为的重要变量。现有的大学生创业研究大多聚焦在校内创业教育视域下大学生获取、积累和应用创业知识的过程，倾向于关注创业知识的狭义的学习，而未升华至可持续发展、通用性、基础性的学习能力层面。事实上，在现实的创业环境中，学校内的创业学习往往只涵盖了有限的时空维度，而难以全方位、及时跟进应对纷繁复杂、不断变化的各种创业挑战。相比创业知识的积累，大学生自身学习能力的增强，更能帮助大学生去应对不确定性的、充满风险的、日新月异的创业需求。由此，探讨大学生的学习能力对于促进大学生的创业效能感和创业行为就显得更为重要。

创业自我效能感是创业决策评估的关键认知变量，也是创业实践中的重要中间变量，同时又是预测创业行为的前因变量。对此，学界的研究已经证明并一致认同创业效能感的重要作用。但是，以往的国内外研究更多的是研究创业效能感对创业意愿、创业行为的作用机制，而针对影响大学生创业自我效能感的前因探讨却不多，特别是学习能力与创业自我效能感的关系，需要进一步探讨、完善创业自我效能感的前因网络。

根据社会学习理论，学习效果可能会同时受到学习能力和学习者情绪状态的影响。已有研究证明，在复杂多变的创业活动中，良性情绪会发挥关键的推动作用。在现有的研究中，乐观如何影响创业活动的关注较少，对于乐观如何影响大学生群体学习能力和创业行为之间的关系更是缺乏探讨。

综上所述，学习能力、创业自我效能感、乐观是否可以促进大学生的创业行为？作用方式和内在机理如何？基于班杜拉的社会学习理论，本研究尝试以创业自我效能感为中介变量、乐观为调节变量，探讨大学生群体的学习能力与创业行为的关系，借此从学习能力以及个体情绪的视角阐释大学生创业行为产生的内生动力因素。本研究的理论贡献在于：一是将前人仅关注创业知识的狭义创业学习拓展、升华到关注大学生的基础性、通用性认知特征——学习能力的影响；二是在关注创业自我效能感的结果变量和作用机制的基础上，试图探讨创业自我效能感的前因变量，进一步丰富创业效能感的研究网络；三是关注乐观在大学生创业行为中的边界作用，在一定程度上整合学习能力的认知视角和乐观的情绪视角来丰富大学生创业行为研究的理论框架。

二、文献与研究假设

1. 大学生学习能力与创业行为的关系

所谓学习能力，是指个体对信息有好奇心，对持续学习感兴趣，无论是在核心领域还是在外围领域或新领域积极寻求新思想和新技能的能力。从工作场域的角度来看，就是个体利用一切可能的机会获取对工作有帮助的信息和知识，并把它应用到工作中，不断更新自身知识结构，提高工作技能，达到提高个人和组织绩效目的的能力。

前文提到，创业是极具挑战的活动，具有不确定性、动态性、长程性、风险性等特点，创业者在多变的任务和环境下，要精准识别商业机会并快速转换为商业行动，同时规避风险，这极大地考验着创业者的智慧，要求创业者必须具备应对的能力和策略。从社会学习理论的角度来看，大学生创业者需要通过培养学习能力来及时获取有效、充足的信息，才能积累创业知识、储备创业技能，并进行萃取、转换、内化为应对各种创业挑战的能力，进而获得并提升创业成功的可能性。

从目前我国大学生创业情况来看，尽管大学生在学校进行了一定的创业学习，但整体上呈现创业意愿不强、创业失败率较高的状况。很大部分原因在于：身处 VUCA 时代，大学生既有的创业知识技能、经验储备不足，且更新迭代速度相对较慢，难以持续应对创业过程中层出不穷的新问题。在大多数情况下，创业实际上是一个摸索的过程。要在摸索中应对变化、规避失败，大学生创业者最需要的是在创业前、创业发展中的每一个阶段持续获取新知识、新技能来增强把握外部环境的能力，以及时调整自身行为应对各种风险挑战。这就需要学习能力的加持。

学习能提升个体知识储备量，增强沟通、交流、抗压等多方面的技能，进而提升个体整体软实力。学习能力强的个体能高效、持续地吸收并内化外界各种途径的信息资源，比如在更广泛的范围内获取创业相关的知识和信息，且内化的效果更佳，对创业技能掌握更为充分，进而为创业行动做好充足的认知准备。在创业过程中，学习能力强的学生能获取更多资源应对不确定挑战，确保创业可持续成长。因此，本章提出以下研究假设：

H1：大学生的学习能力正向影响大学生的创业行为。

2. 大学生学习能力与创业自我效能感的关系

自我效能感（Self-efficacy）最早由美国学者 Bandura 于 1977 年提出，指"人们对自身能否利用所拥有的技能去完成某项工作行为的自信程度"，是个体在工作中所体现出的信念水平，代表个体在不确定环境下的一种工作能力，并已在多个领域被证明是个体实施某种行为的有效预测指标。自我效能感主要体现为水平、强度和延展性三个方面的特征：一是水平上的高低变化，是个体认为能完成特定目标行为的难易程度。二是强度上的变化，是指个体对自身实现特定目标行为的确信程度。自我效能感强度大，个体不会因一时的失败而自我怀疑，而会持续坚信，并不放弃努力。三是自我效能感的延展性，是指在某个领域内的自我效能感的强弱程度，会在多大程度上影响到其他相近或不同领域中的自我效能感。创业自我效能感（Entrepreneurial Self-effica-cy）是自我效能概念延伸到创业领域以后由 Chen、Greene 和 Crick（1998）结合创业过程理论提出的针对性概念，在自我效能感的理论基础上，将其定义为创业者对自身能够胜任不同创业角色和任务的信念。创业自我效能感也体现出水平高低、强度大小和延展性的特征。

对大学生创业者而言，要想在复杂多变的环境中生存，需要不断摸索、迭代和精益求精，既要总结成功的经验，还须从失败中吸取教训。创业学习已被证明是能够增强创业者自信心并提升其知识集合的行为过程，也就是说，针对创业的学习能提高创业者自我效能感。不仅仅是创业方面的学习，社会生活其他方面的学习也有利于创业活动的产生。大学生可以运用自身的学习能力将在社会生活中习得的方方面面的知识，转换成为自身的智力资本，进而可以有计划地将这种学习能力产生的智力资本投入到潜在的创业活动中去。从社会学习理论的角度来看，学习可以帮助个体获取更多信息资源，提升个体知识与技能。学习能力作为大学生一项重要的素质特征，其高低决定着学习行为的效果好坏，决定着对资源的获取、整合、转化的量和质。大学生的学习能力可以超越学校中关于创业的专门教育，可以帮助大学生超脱校内现有的创业学习的知识体系和思维框架，更加广泛地吸取商业知识，以此为创业过程中层出不穷的新问题创造认知基础，并寻找潜在的解决方案。当大学生个体通过学习拥有充足的创业信息资源时，更能把握环境的变化，进而提升创业自我效能感的水平和强度，更确信自己能较容易地达成特定的创业目标行为，并有可能延展至相近工作领域，信心十足，必然会更有底气投身创业活动。因此，本章提出以下研究假设：

H2：大学生的学习能力对创业自我效能感有正向影响。

3. 大学生学习能力、创业行为与创业自我效能感的关系

自我效能感是个体对其能否完成某项工作的预期，而预期是认知与行为的中介。从社会学习理论的角度来看，环境、个体认知和行为构成了三元交互模式，自我效能感是其中与行为距离最近的认知变量，也是将环境影响传

导到行为的重要中介变量。自我效能感对于提高工作绩效、增强工作动机、改善工作态度都有重要意义。

同理，创业自我效能感与创业行为密切相关，因此可用来预测创业行为的选择、维持和结果。创业自我效能感会影响决定个体的创业行为决策。在选择职业或考虑是否创业时，个体会本能地避开超出自身能力范围的行为，而选择能够胜任的工作。研究表明，自我效能感越高的人就越倾向于接受事业上（如创业）的挑战，创业自我效能感越高，个体越坚信自身创业的可行性，倾向于选择创业。在面临创业与就业选择时，大学生会对自己的创业自我效能水平进行主观的评价，那些创业自我效能感高的大学生认为自己能够克服创业的各种困难，对创业成功抱有信心，从而更愿意通过选择创业来实现为社会创造价值的使命，进而为实现人生目标奋斗；而那些创业自我效能感低的大学生，对自己创业能力没有把握，对解决创业过程中所遇到的困难缺乏信心，对自身创业能否成功持怀疑态度，不愿意也不敢以创业的方式来承担社会责任和实现自我价值。

结合前文的论述，创业活动是一个复杂、多变、不可预知的过程，新的环境、新的变化需要大学生不断学习，乐于学习和善于学习。有足够的学习能力才能敏锐抓住周围相关商业信息及各种资源，更早发现创业机会，抢得先机。创业前，学习能力可以坚定大学生创业的自信心，激发创业行为；创立企业后，学习能力能帮助创业者带领新创企业不断获取竞争优势，促使其不断发展。总之，学习可以提升大学生创业知识技能及精神能量储备，学习能力强，则个体更具创业竞争优势，进而提升自我效能感水平与强度。学习能力通过增强大学生个体创业自我效能感，进而影响其创业行为的产生。因此，本章提出以下研究假设：

H3：创业自我效能感中介了大学生的学习能力与创业行为之间的关系。

4. 大学生学习能力、创业自我效能感与乐观的关系

学习能帮助个体获得更多的信息资源，学习能力强的个体其获取资源更具有效性。当个体获取更多有效的信息资源时，自我效能感必然会增强。同

样，对于大学生来说，面对复杂多变、不确定的外部环境，学习能力帮助其高效获取相关商业信息及各种资源，并快速整合、转化，用以调节和控制环境和自身行为，甚至可以营造适合自身发展的外部情境，以应对各种复杂的挑战。当获取的信息资源越多、整合转化越快时，必然获得越高的创业自我效能感。

乐观是对生活有积极预期的跨情境整体倾向，又是个体在对成败进行归因时表现出的稳定倾向。从应对机制来看，乐观主义者面对逆境时，会不断尝试，采取聚焦于问题的应对机制，以积极的态度面对；乐观的人往往对未来充满希望和信心，能拥抱变化，看到未来的机会，激励自身实现长期的成功。具体来说，乐观程度较高的个体更相信自身有能力应对困难，常常倾向于把失败归因于外部不可控的因素，不容易将失败看成是由于自身能力不足或者不够努力而造成的，倾向于采取更加积极的行为。相反，乐观程度低的人容易认为失败是自身能力不足所致，会被消极的情绪左右。已有研究发现，乐观是创业者常见的积极情绪。同样，对大学生群体来说，乐观程度高的大学生面对未来高失败率的创业，仍然表现出对未来创业充满自信，不会因可能的失败而轻易放弃自己的创业梦想。

根据社会学习理论，乐观还可以作为学习的关键动力机制，作为一种积极的情绪，会给学习带来积极动力。在大学生创业活动中，乐观情绪可以扩展学习能力的作用范围，增加大学生学习创业知识技能的广度，进而提升大学生创业效能感；乐观情绪可以提高学习能力的作用强度，提升创业知识技能的学习效果，进一步提振大学生创业效能感；乐观情绪还可以延长学习能力的作用时间，巩固、强化创业知识技能的学习效果，乐观的大学生本身就对创业充满自信，加上创业知识技能的加持，进一步激发创业效能感。也就是说，乐观与学习能力共同提升学习效果，在大学生学习能力对创业自我效能感的影响过程中，产生正向的调节作用。因此，本章提出以下研究假设：

H4：乐观正向调节学习能力对创业效能感的作用：乐观程度越高，大学生学习能力对创业自我效能感的影响就越大。

5. 整合性研究框架：被调节的中介作用

综合前面的假设，本研究提出一个关于学习能力、创业自我效能感、创业行为和乐观的整合性研究框架，即从被调节的中介角度本章提出以下研究假设：

H5：乐观正向调节了学习能力通过创业自我效能感对于创业行为产生的中介作用，即乐观程度越高，大学生学习能力通过创业自我效能感对于创业行为产生的间接作用越强。

三、研究设计

1. 样本收集

本研究以广西某师范类高校学生作为主要研究对象，采用长程跟踪调查的方式发放问卷，分别对 2018 级学生实施了两次调查，调查时间为 2018 年 10 月和 2021 年 6 月。具体地，在学生刚入学一个月左右进行第一次测量，在学生毕业实习 4~5 个月后、学生普遍具有就业创业经历、回校领取毕业证书之际实施第二次测量。为调查的便利考虑，基本采用整群抽样方式对所有学生发放问卷测量。将两次测量结果进行匹配后获得有效问卷 362 份配对数据。样本主要来源于酒店管理、旅游管理、商务英语、数学教育、物理教育等专业。样本中，女生 307 名，占比 84.80%，男生 55 名，占比 15.20%，样本中男女比例与师范院校学生男女比例基本相当。在第一次问卷中主要测量了被试的学习能力，在第二次追踪问卷中测量了被试的乐观、创业自我效能感、创业行为、先前创业经验和最新的人口学变量。

2. 变量测量

本研究中的量表分别为：学习能力量表、乐观量表、先前创业经验和创业自我效能感量表、创业行为量表。学习能力量表和乐观量表为李克特 5 点量表。创业自我效能感量表、先前创业经验和创业行为量表为李克特 7 点量表。

（1）学习能力量表来源于李蕙羽（2016）编制的《高端技能型人才领导

力量表》中学习能力维度，量表为 4 个题干："我经常花时间学习新知识、接受新事物；当事情的发展出乎我意料时，我提问自己：我可以从这些经验中学到什么；我会观察周围老师、同学、同事的优点，并默默地学习；对于新的知识、技术或其他新事物，我能很快地学会或接受它。"分为"从不、很少、有时、经常、总是"5 个表达选项。该量表借鉴国内外多个较为成熟的学习能力量表编制而成，目前该量表已测量过 3 万多个样本，且与其他学习能力量表的相关系数大于 0.8，表明该量表的信度和效度符合要求。本样本中此量表的 Cronbach's α 为 0.75。

（2）乐观量表以柯江林、孙健敏、李永瑞（2008）编制的本土事务型心理资本量表中的"乐观希望"维度部分作为测量题项，为 5 个题干：我凡事都看得开，几乎每天都是开开心心的；发生了不愉快的事，我很快就能把自己的情绪调整好；我感觉自己很乐观，几乎没有沮丧的时候；对于不确定的结果，我总是往好的方向想；我常常感觉自己很倒霉。其中含有 1 道反向题。本样本中此量表的 Cronbach's α 为 0.72。

（3）创业自我效能感量表，采用 Zhao 等（2005）编制的 4 个题目的量表，测量题项包括：我对创造新的产品充满信心；我对成功识别新的商业机会充满信心；对于将一个想法或者一个新的研究成果进行商业化，我充满信心；我对于自己的创造性思维充满信心。本样本中此量表的 Cronbach's α 为 0.96。

（4）创业行为量表采用 Gieure 等（2020）编制的 7 个题目的量表，测量题项包括：我有启动新项目或新业务的经验；我有能力制订一个商业计划；我知道如何开始一项新的业务；我知道如何做市场调查；我以非正式的方式投资了一些生意；我可以攒钱来投资一个生意；我存在于一个可以促进我生意的社交网络之中。本样本中此量表的 Cronbach's α 为 0.94。

（5）控制变量，基于以往的大学生创业研究，本研究将性别（0 代表女性，1 代表男性）、入学前的户籍地（1 代表农村，2 代表县或镇，3 代表中小城市，4 代表大城市，5 代表其他）、家庭人均月收入（1 代表 1000 元以下，2 代表 1000～2500 元，3 代表 2500～5000 元，4 代表 5000 元以上）、对所学专业的满意度（1 代表很不满意，5 代表非常满意）。此外，本研究还控制了大学生此前的创业经验，采用 Zhao 等（2005）编制的 3 个题目的量表，测量题项包括：我拥有很多新创企业的相关经验；我拥有很多开发新市场的相关经验；我拥有很多开发新产品的相关经验。本样本中此量表的 Cronbach's α 为 0.98。以往的研究表明，这些控制变量会影响大学生的创业意愿或者创业资源（如 Keat et al.，2011；Marques et al.，2012）。

四、数据分析

本研究首先使用 Stata14 对本研究中的关键变量进行区分效度分析，研究结果表明，有学习能力（学）、创业效能（效）、创业行为（为）、乐观（乐）和先前创业经验（验）构成的五因子模型的拟合指数显著地比其他模型更好（χ^2（220）= 742.07，p < 0.001；RMSEA = 0.08；SRMR = 0.07；CFI = 0.94；TLI = 0.93），说明本研究中的测量具有不错的区分效度，具体的验证性因素分结果如表 8-1 所示。

表 8-1 本研究中关键变量的验证性因素比较（N=362）

模型	χ^2（df）	$\Delta\chi^2$（df）[a]	RMSEA	CFI	TLI	SRMR
模型1：五因素模型（学，效，为，乐，验）	742.07（220）***		0.08	0.94	0.93	0.07
模型2：四因素模型（学+效，为，乐，验）	1050.70（224）***	308.63（4）***	0.10	0.90	0.88	0.09
模型3：四因素模型（学+为，效，乐，验）	1062.76（224）***	320.69（4）***	0.10	0.90	0.88	0.09
模型4：四因素模型（学+验，效，为，乐）	1073.12（224）***	331.05（4）***	0.10	0.89	0.88	0.10
模型5：三因素模型（学+效+为，乐，验）	2497.77（227）***	1755.70（7）***	0.17	0.72	0.68	0.13

续表

模型	χ^2 (df)	$\Delta\chi^2$ (df) ^{a}	RMSEA	CFI	TLI	SRMR
模型6：三因素模型（学+效+验，为，乐）	2980.56（227）***	2238.49（7）***	0.18	0.66	0.62	0.17
模型7：三因素模型（学+为+验，效，乐）	2291.71（227）***	1549.64（7）***	0.16	0.74	0.71	0.10
模型8：二因素模型（学+效+为+验，乐）	3749.72（229）***	3007.65（9）***	0.21	0.56	0.51	0.13
模型9：二因素模型（学，效+为+验+乐）	4113.84（229）***	3371.77（9）***	0.22	0.51	0.46	0.13
模型10：单因素模型（学+效+为+验+乐）	4414.13（230）***	3672.06（10）***	0.22	0.48	0.43	0.15

注：学=公司创业学习；效=领导创业自我效能；为=创业行为；乐=乐观；验=先前创业经验；*** 表示 p<0.001。

本研究中关键变量的均值、标准差和相关系数情况如表8-2所示。根据表8-2可知，学习能力和创业自我效能显著正相关（$r=0.24$，p<0.001），创业自我效能和创业行为显著正相关（$r=0.56$，p<0.001），这为本研究中的假设提供了初步的支持证据。

表8-2 本研究中变量的描述性统计、相关系数和信度（N=362）

变量	均值	标准差	1	2	3	4	5	6	7	8	9
1. 性别	0.15	0.36									
2. 户籍	1.27	0.57	0.00								
3. 家庭人均月收入	1.86	0.83	0.05	0.28**							
4. 专业满意度	3.31	0.96	0.06	0.07	0.04						
5. 先前创业经验	3.57	1.49	0.12*	0.01	0.17**	0.06	(0.98)				
6. 学习能力	3.47	0.66	0.06	0.01	-0.06	0.09	0.18**	(0.75)			
7. 创业自我效能	4.92	1.19	0.11*	0.02	0.11*	0.21**	0.34**	0.24**	(0.96)		
8. 创业行为	4.03	1.33	0.14**	-0.04	0.17**	0.14**	0.73**	0.21**	0.56**	(0.94)	
9. 乐观	3.42	0.65	0.09	0.03	0.05	0.20**	0.22**	0.23**	0.39**	0.31**	(0.72)

注：括号中为各变量的信度；* 表示 p<0.05；** 表示 p<0.01。

本研究采用 SPSS 软件中的分层回归方法来验证假设。在表 8-3 模型 4 中，以创业行为作为因变量，放入性别、户籍、家庭人均月收入、专业满意度、先前创业经验作为控制变量。在表 8-3 模型 5 中，加入学习能力作为自变量，发现大学生学习能力对于创业行为具有正向的影响（B=0.16，SE=0.07，p=0.029），H1 得到支持。在表 8-3 模型 1 中，以创业自我效能作为因变量，放入所有的控制变量。在表 8-3 模型 2 中，加入学习能力作为自变量，发现大学生学习能力对于创业自我效能具有正向的影响（B=0.31，SE=0.09，p=0.001），H2 得到支持。在表 8-3 模型 6 中，以创业行为作为因变量，放入所有控制变量和创业自我效能感，发现自我效能对于创业行为具有正向的影响（B=0.38，SE=0.04，p<0.001）。在模型 7 中，以创业行为作为因变量，放入所有控制变量，再同时放入学习能力和学习自我效能感，发现学习能力对于创业行为的影响变得不显著（B=0.04，SE=0.07，p=0.50），而创业自我效能对于创业行为的影响依然显著（B=0.37，SE=0.04，p<0.001）。基于 Preacher 和 Hayes（2004）的建议，进一步使用 PROCESS4.1 计算间接效应的偏差校正置信区间，使用 Bootstrap 重复抽样 5000 次，发现在放入所有控制变量之后，中介作用的效应值为 0.11，并且 95% 的偏差校正置信区间为 [0.0445，0.2005]，不包括 0，因此 H3 得到支持。

表 8-3　验证研究假设的分层回归结果（N=362）

变量	创业自我效能				创业行为		
	模型 1	模型 2	模型 3	模型 4	模型 5	模型 6	模型 7
常数	3.12*** (0.28)	2.16*** (0.39)	0.99* (0.42)	1.34*** (0.23)	0.85** (0.32)	0.17 (0.23)	0.05 (0.30)
性别	0.18 (0.16)	0.16 (0.16)	0.10 (0.15)	0.16 (0.13)	0.15 (0.13)	0.09 (0.12)	0.09 (0.12)
户籍	-0.02 (0.11)	-0.03 (0.10)	-0.02 (0.10)	-0.17* (0.09)	-0.18* (0.09)	-0.16* (0.08)	-0.17* (0.08)

续表

变量	创业自我效能				创业行为		
	模型 1	模型 2	模型 3	模型 4	模型 5	模型 6	模型 7
家庭人均月收入	0.07 (0.07)	0.09 (0.07)	0.08 (0.07)	0.11⁺ (0.06)	0.12* (0.06)	0.08 (0.05)	0.09 (0.05)
专业满意度	0.23*** (0.06)	0.21*** (0.06)	0.16** (0.06)	0.13* (0.05)	0.12* (0.05)	0.04 (0.04)	0.04 (0.04)
先前创业经验	0.25*** (0.04)	0.23*** (0.04)	0.19*** (0.04)	0.63*** (0.03)	0.62*** (0.03)	0.54*** (0.03)	0.54*** (0.03)
学习能力		0.31** (0.09)	0.21* (0.09)		0.16* (0.07)		0.04 (0.07)
创业自我效能						0.38*** (0.04)	0.37*** (0.04)
乐观			0.53*** (0.09)				
学习能力×乐观			0.28* (0.12)				
R^2	0.16***	0.19***	0.27***	0.55***	0.56***	0.65***	0.65***
ΔR^2	0.16***	0.03**	0.11***	0.55***	0.01*	0.10***	0.10***

注：括号中展示的是回归系数的标准误；+表示 $p<0.10$；*表示 $p<0.05$；**表示 $p<0.01$；***表示 $p<0.001$。

如表 8-3 模型 3 所示，在验证 H4 中的调节效应时，以创业自我效能作为因变量，先将所有控制变量、学习能力、乐观放入回归方程，再将学习能力和乐观分别中心化之后生成的乘积交互项放入回归方程，发现交互项对于创业自我效能具有显著的影响作用（B = 0.28，SE = 0.12，p = 0.024）。基于 Aiken 等（1991）的方法，交互作用的模式如图 8-1 所示。其中，当乐观处于较高水平（高于均值一个标准差）时，学习能力可以显著影响创业自我效能（B = 0.39，SE = 0.12，t = 3.38，p = 0.0008）；当乐观处于较低水平（低于均值一个标准差）时，学习能力和创业自我效能之间的关系不显著（B = 0.03，SE = 0.12，t = 0.27，p = 0.79），H4 得到支持。

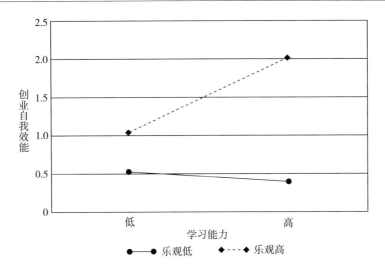

图 8-1　乐观对于学习能力和创业自我效能之间关系的调节效应

基于 Preacher 等（2007）的方法，加入所有控制变量之后，使用 Bootstrap 重复抽样 5000 次来探讨被调节的中介效应。当乐观处于较高水平（高于均值一个标准差）时，学习能力通过创业自我效能对于创业行为产生的间接效应是显著的（B = 0.15，SE = 0.05，95% 置信区间为 [0.0456，0.2608]，不包括 0）；当乐观处于较低水平（低于均值一个标准差）时，学习能力通过创业自我效能对于创业行为产生的间接效应是不显著的（B = 0.01，SE = 0.04，95% 置信区间为 [-0.0734，0.1061]，包括 0）。此外，被调节的中介作用的指数为 0.10，SE = 0.05，95% 置信区间为 [0.0004，0.2102]，不包括 0，H5 得到支持。

五、结论与启示

1. 研究结论

本章基于社会学习理论框架，通过对大学生群体的追踪式问卷调查，得出以下结论：在创业活动中，大学生个体的学习能力通过影响创业自我效能感而正向影响创业行为，即大学生学习能力越强，其获得信息就越多，创业的技能越强，精神层面的能量越足，学习、吸收、应用以及创建的效能则越高，创业自我效能感就越强；当个体创业自我效能感强时，就会努力应对困难的情境，选择创业行为的概率就越高。研究从个体可续发展的基础能力入手，验证了学习能力对创业行为的显著正向作用。同时，本研究发现，乐观作为个体极其重要的一种情绪特征，在大学生创业活动中，正向调节学习能力对创业自我效能感的影响，验证了乐观情绪在创业活动中的作用。本研究基于认知特征与情绪的视角，另辟蹊径，构建并验证了大学生创业行为的新模型。

2. 潜在的理论贡献

本研究理论贡献主要包括：第一，拓展了大学生创业意愿、创业行为的关键前因变量。关于大学生创业方面的研究，学界主要聚焦于学校如何开展创业教育和学生如何进行创业学习两个方向，学校一般会开展包含课堂内相关创业理论知识学习和课堂外的创业社团或双创竞赛活动，从学生的角度来看，主要是获得相关的创业理论知识以及间接经验等。不论创业教育还是创业学习，目的主要致力于大学生创业知识获取，提升受教育者创业意识与创业能力，大多关注学习的具体内容、过程、方式方法等，而忽略了大学生基础性的、保证个体可持续有效获取知识技能的关键能力——学习能力对创业的影响。

另外，从时间维度来看，一名创业的成功者，不仅在创业孕育和创业之初进行机会识别需要克服进入壁垒进行经验学习，还需要在发展阶段通过更加广泛的、持续性的学习与成长来应对挑战。从学习内容的维度来看，不仅要学习创业的基本概念、原理、方法和相关理论知识、经验以及锤炼识别创业机会、防范创业风险、适时采取行动等能力，还需要吸取精神层面的能量，包括塑造敏于发现、善于思考、敢为人先的创新意识，挑战自我、坚持不懈、承受挫折的意志品质，善于合作、诚实守信的职业操守，以及创造价值、服务国家、服务人民的社会责任感等企业家精神、创业精神，这些都需要个体具备足够的学习能力才能确保学习成长的效果。可以说，个体学习能力就是其源源不断获取创业能量的基本保证。因此，学习能力是大学生创业者的核心人力资本，探讨学习能力对大学生的创业行为具有特别重要的价值。本研究弥补了以往创业学习的研究不足，从认知特征——学习能力的视角拓展了大学生创业研究的新思路。

第二，本研究进一步扩展了大学生创业自我效能感的前因和后果。将学习能力作为前因，将创业行为作为后果，这对于以往研究是一种有益的拓展。在已有的研究中，学者将大学生创业课程方面的学习投入、社会嵌入等作为前因变量，通过影响创业自我效能感影响创业意向，以及探讨创业政策激励、创业教育与大学生创业意愿的关系等，本研究首次将学习能力作为大学生创业自我效能感的前因变量，揭示了不同的机制。另外，以往大学生的创业研究常将创业意向作为创业效能感的结果，本研究将大学生实际的创业行为作为创业效能感的结果，揭示了创业现象的实践过程。

第三，本章将乐观作为学习能力和创业行为间接关系的调节因素，揭示了学习能力对于创业行为产生影响的边界条件。以往的研究经常将乐观作为创业意愿的自变量，本章从调节变量的角度拓展了乐观在创业过程中的作用机制，为探索乐观和创业之间关系的复杂性提供了新的实证证据和研究思路。

3. 实践启示

本研究结果在高校拓展创业教育的内容方面带来了有益的启示。一是强化大学生学习能力的培养。前文已经谈到，个体的学习能力是 21 世纪人才的重要标志之一，是个体生存能力和职业成功的重要保障。作为个体持久的竞争力，能帮助大学生在正式或非正式的各种活动中自我求知，在工作中寻求快速发展。好比是汽车的发动机，即使给汽车进行了最好的保养，要想让汽车跑得更快，还需要提高发动机的功率。因此，要促进大学生的创业行为，在校期间除了传授创业知识技能之外，更重要的是着眼于学生未来的可持续发展，着力培养其学习能力，高效获取信息、寻求新思想新技能，进而形成终身学习的习惯，为其创业的可持续发展提供基础性能力支撑。

二是在促进大学生创业的过程中，需要秉持积极的心理学理念，强化培养乐观情绪。乐观是一种积极的人格特质，乐观程度较高的个体趋于采取更加积极的行为。本研究也验证了这一点。在大学生自身成长方面，引入积极心理学的概念，学校和大学生自身都要注重培养乐观的心理品质。在日常学习生活中，引导学生关注、挖掘自身优点，正确看待自身潜能，形成乐观的心理状态，帮助其阳光地面对生活工作中的挫折，提升创业自我效能感，助力创业成功。

4. 研究展望

本研究采用了追踪调查的方式进行取样并进行一一配对，在一定程度上降低了共同方法偏差。局限性在于样本主要来源于某高校的学生，难以代表所有大学生的创业行为。后续的研究可以着力拓宽样本的多样性，把研究型、应用型等不同类型高校的大学生补充为研究样本，确保研究的全面性。

参考文献

［1］ Abid G. How does thriving matter at workplace ［J］. International Journal of Economics and Empirical Research, 2016, 4 (10): 521-527.

［2］ Adomako S, Danso A, Uddin M and Damoah J O. Entrepreneurs' optimism, cognitive style and persistence ［J］. International Journal of Entrepreneurial Behavior & Research, 2016, 22 (1): 84-108.

［3］ Afsar B, Badir Y and Kiani U S. Linking spiritual leadership and employee pro-environmental behavior: The influence of workplace spirituality, intrinsic motivation, and environmental passion ［J］. Journal of Environmental Psychology, 2016, 45 (1): 79-88.

［4］ Aiken L S, West S G and Reno R R. Multiple regression: Testing and interpreting interactions ［R］. Sage, 1991.

［5］ Ajzen I. The theory of planned behaviour ［J］. Organizational Behavior & Human Decision Processes, 1991 (50): 179-211.

［6］ Amabile T M, Conti R, Coon H, et al. Assessing the work environment for creativity ［J］. Academy of Management Journal, 1996, 39 (5): 1154-1184.

［7］ Amabile T M, Conti R. Changes in the work environment for creativity during down-sizing ［J］. Academy of Management Journal, 1999, 42 (6): 630-640.

［8］ Amabile T M. A model of creativity and innovation in organizations ［J］. Research in Organizational Behavior, 1988, 10 (1): 123-167.

[9] Amabile T M. Creativity and innovation in organizations [M]. Boston: Harvard Business School, 1996.

[10] Anderson B S, Kreiser P M, Kuratko D F and Hornsby J S. Reconceptualizing entrepreneurial orientation [J]. Strategic Management Journal, 2015, 36 (10): 1579-1596.

[11] Arawatiagus A, Hassanzf. The structural influence of entrepreneurial leadership, communication skills, determination and motivation on sales and customer satisfaction [J]. International Journal of Business and Development Studies, 2010 (1): 109-130.

[12] Ashford S J, Lee C, Bobko P. Content, causes, and consequences of job insecurity: A theory-based measure and substantive test [J]. Academy of Management Journal, 1989 (4): 803-829.

[13] Audretsch D B, Keilbach M. The theory of knowledge spillover entrepreneurship [J]. Journal of Management Studies, 2010, 44 (7): 1242-1254.

[14] Bandura A. Self-efficacy: Toward a unifying theory of behavioral change [J]. Psychological Review, 1977, 84 (2): 191-215.

[15] Bandura A. Self-efficacy: Toward a unifying theory of behavioral change [J]. Advances in Behaviour Research & Therapy, 1977, 1 (4): 139-161.

[16] Bandura A. Social cognitive theory: An agentic perspective [J]. Annual Review of Psychology, 2001, 52 (1): 1-26.

[17] Bandura A. The explanatory and predictive scope of self-efficacy theory [J]. Applied Psychology: An International Review, 2002, 51 (2): 269-290.

[18] Bandura A. The explanatory and predictive scope of self-efficacy theory [J]. Journal of Clinical and Social Psychology, 1986, 4 (3): 359-373.

[19] Bandura A. The social foundations of thought and action: A social cognitive theory [M]. Englewood Cliffs: Prentice-Hall, 1986.

[20] Bird B. Implementing entrepreneurial ideas: The case for intention

[J]. Academy of Management Review, 1988: 442-453.

[21] Birkeland I K, Buch R. The dualistic model of passion for work: Discrimination and predictive validity with work engagement and workaholism [J]. Motivation and Emotion, 2015, 39 (3): 392-408.

[22] Bonneville-Roussy A. When passion leads to excellence: The case of musicians [J]. Psychology of Music, 2011, 39 (1): 123-138.

[23] Boyd N G, Vozikis G S. The influence of self-efficacy on the development of entrepreneurial intentions and actions [J]. Entrepreneurship Theory and Practice, 1994, 18 (4): 63-77.

[24] Brown R B. Contemplating the emotional component of learning the emotions and feelings involved when undertaking an MBA [J]. Management Learning, 2000, 31 (3): 275-293.

[25] Cai W, Lysova E I, Khapova S N, et al. Does entrepreneurial leadership foster creativity among employees and teams? The mediating role of creative efficacy beliefs [J]. Journal of Business & Psychology, 2019 (34): 203-217.

[26] Carbonneau, Noémie Vallerand, Fernet R J, et al. The role of passion for teaching in intrapersonal and interpersonal outcomes [J]. Journal of Educational Psychology, 2008, 100 (11): 977-987.

[27] Carbonneau, Noémie, Vallerand R J and Massicotte S. Is the practice of yoga associated with positive outcomes? The role of passion [J]. Journal of Positive Psychology, 2010, 5 (6): 452-465.

[28] Carver C S. Resilience and thriving: Issues, models, and linkages [J]. Journal of Social Issues, 1998, 54 (2): 245-266.

[29] Chang S, Jia L, Takeuchi R, et al. Do High-commitment work systems affect creativity? A multilevel combinational approach to employee creativity [J]. Journal of Applied Psychology, 2014, 99 (4): 665-680.

[30] Chao C M, Yu T K. The moderating effect of technology optimism:

How it affects students'weblog learning [J]. Online Information Review, 2018, 43 (1): 161-180.

[31] Chen C C, Greene P G and Crick A. Does entrepreneurial self-efficacy distinguish entrepreneurs from managers? [J]. Journal of Business Venturing, 1998, 13 (3): 295-316.

[32] Chen M H. Entrepreneurial leadership and new ventures: Creativity in entrepreneurial teams [J]. Creativity and Innovation Management, 2007, 16 (3): 239-249.

[33] Chirumbolo A, Hellgren J. Individual and organizational consequences of job insecurity: A European study [J]. Economical and Industrial Democracy, 2003, 24 (2): 217-240.

[34] Chun J S, Choi J N. Members'needs, intragroup conflict, and group performance [J]. Journal of Applied Psychology, 2014, 99 (3): 437-450.

[35] Covin J G, Slevin D P. A conceptual model of entrepreneurship as firm behavior [J]. Entrepreneurship Theory and Practice, 1991, 16 (1): 7-26.

[36] Damasio A. Fundamental feelings [J]. Nature, 2001 (413): 781.

[37] Davy J A, Kinicki A J and Scheck C L. A test of job security's direct and mediated effects on withdrawal cognitions [J]. Journal of Organizational Behavior, 1997 (18): 323-349.

[38] Davy J A, Kinicki A J and Scheck C L. Developing and testing a model of survivor responses to layoffs [J]. Journal of Vocational Behavior, 1991, 38 (3): 302-317.

[39] Dekker S W A, Schaufeli W B. The effects of job insecurity on psychological health and withdrawal: A longitudinal study [J]. Australian Psychologist, 1995, 30 (1): 57-63.

[40] De Noble A F, Jung D I and Ehrlich S B. Entrepreneurial self-efficacy: The development of a measure and its relationship to entrepreneurial ac-

tion [A] //Reynolds R D, et al（Eds.）. Frontiers of entrepreneurship research [C]. Waltham, MA: P&R Publication Inc., 1999: 73-78.

[41] DeRue D S, Ashford S J. Who will lead and who will follow? A social process of leadership identity construction in organizations [J]. Academy of Management Review, 2010, 35 (4): 627-647.

[42] Désirée S, Schreurs B, Emmerik H V and Witte H D. Explaining the relation between job insecurity and employee outcomes during organizational change: A multiple group comparison [J]. Human Resource Management, 2016, 55 (5): 809-827.

[43] De Spiegelaere S, Van Gyes G, De Witte H, et al. On the relation of job insecurity, job autonomy, innovative work behaviour and the mediating effect of work engagement [J]. Creativity & Innovation Management, 2014, 23 (3): 318-330.

[44] Dess G G, Beard D W. Dimensions of organizational task environments [J]. Administrative Science Quarterly, 1984, 29 (1): 52-73.

[45] De Witte H. Job insecurity and psychological well-being: Review of the literature and exploration of some unresolved issues [J]. European Journal of Work and Organizational Psychology, 1999, 8 (2): 155-177.

[46] Dianna D, Jennings J. Gender and entrepreneurial self-efficacy: A learning perspective [J]. International Journal of Gender and Entrepreneurship, 2014, 6 (1): 28-49.

[47] Ehrhardt K, Ragins B R. Relational attachment at work: A complementary fit perspective on the role of relationships in organizational life [J]. Academy of Management Journal, 2019, 62 (1): 1-64.

[48] Elliott E S, Dweck C S. Goals: An approach to motivation and achievement [J]. Journal of Personality and Social Psychology, 1988, 54 (1): 5-12.

[49] Ensley M, Pearce C and Hmieleski K. The moderating effect of environ-

mental dynamism on the relationship between entrepreneur leadership behavior and new venture performance [J]. Journal of Business Venturing, 2006, 21 (2): 243-263.

[50] Fang R T, Saks A M. Class advantage in the white - collar labor market: An investigation of social class background, job search strategies, and job search success [J]. Journal of Applied Psychology, 2021, 106 (11): 1695-1713.

[51] Feather N T, Rauter K A. Organizational citizenship behaviors in relation to job status, job insecurity organizational commitment and identification, job satisfaction and work values [J]. Journal of Occupational and Organizational Psychology, 2004, 77 (1): 81-94.

[52] Forest J, Mageau G A, Sarrazin C, et al. "Work is my passion": The different affective, behavioural, and cognitive consequences of harmonious and obsessive passion toward work [J]. Canadian Journal of Administrative Sciences, 2011, 28 (1): 27-40.

[53] Gielnik M M, Barabas S, Frese M, et al. A temporal analysis of how entrepreneurial goal intentions, positive fantasies, and action planning affect starting a new venture and when the effects wear off [J]. Journal of Business Venturing, 2014, 29 (6): 755-772.

[54] Gieure C, Benavides-Espinosa M, et al. The entrepreneurial process: The link between intentions and behavior [J]. Journal of Business Research, 2020 (112): 541-548.

[55] Gong Y, Huang J C and Farh J L. Employee learning orientation, transformational leadership, and employee creativity: The mediating role of employee creative self - efficacy [J]. Academy of Management Journal, 2009, 52 (4): 765-778.

[56] Greenhalgh L, Rosenblatt Z. Job insecurity: Toward conceptual clarity [J]. Academy of Management Review, 1984 (3): 438-448.

［57］ Griskevicius V, Tybur J M, Delton A W and Robertson T E. The influence of mortality and socioeconomic status on risk and delayed rewards: A life history theory approach ［J］. Journal of Personality and Social Psychology, 2011, 100 (6): 1015.

［58］ Gupta V, MacMillan I C and Surie G. Entrepreneurial leadership: Developing and measuring a cross-cultural construct ［J］. Journal of Business Venturing, 2004, 19 (2): 241-260.

［59］ Hao Zhao, Seibert S E and Hills G D. The mediating role of self-efficacy in the development of entrepreneurial intentions ［J］. Journal of Applied Psychology, 2005, 90 (6): 1265-1272.

［60］ Heaney C A, Israel B A and House J S. Chronic job insecurity among automobile workers: Effects on job satisfaction and health ［J］. Social Science & Medicine, 1994, 38 (10): 1431-1437.

［61］ Hejazi S A M, Maleki M M and Naeiji M J. Designing a scale for measuring entrepreneurial leadership in SMEs ［J］. International Proceedings of Economics Development & Research, 2012 (28): 71-77.

［62］ Hildenbrand K, Sacramento C A, Binnewies C. Transformational leadership and burnout: The role of thriving and followers' openness to experience ［J］. Occupational Health Psychology, 2018, 23 (1): 31-43.

［63］ Hirst G, van Dick R and van Knippenberg D. A social identity perspective on leadership and employee creativity ［J］. Journal of Organizational Behavior, 2009, 30 (7): 963-982.

［64］ Hmieleski K M, Baron R A. Entrepreneurs' optimism and new venture performance: A social cognitive perspective ［J］. Academy of Management Journal, 2009, 52 (3): 473-488.

［65］ Hootegem A V, Niesen W and De Witte H. Does job insecurity hinder innovative work behaviour? A threat rigidity perspective ［J］. Creativity & Innovation Management, 2019, 28 (1): 19-29.

[66] Ho V T, Wong S and Lee C H. A tale of passion: Linking job passion and cognitive engagement to employee work performance [J]. Journal of Management Studies, 2011, 48 (1): 26-47.

[67] Hsu D K, Burmeister-Lamp K, Simmons S A, et al. "I know I can, but I don't fit": Perceived fit, self – efficacy, and entrepreneurial intention [J]. Journal of Business Venturing, 2019, 34 (2): 311-326.

[68] Huang S, Ding D and Chen Z. Entrepreneurial leadership and performance in Chinese new ventures: A moderated mediation model of exploratory innovation, exploitative innovation and environmental dynamism [J]. Creativity and Innovation Management, 2014, 23 (4): 453-471.

[69] Ilies, Remus. Authentic leadership and eudaemonic well–being: Understanding leader – follower outcomes [J]. Leadership Quarterly, 2005, 16 (3): 373-394.

[70] Jiang L. Job insecurity and creativity: The buffering effect of self–affirmation and work–affirmation [J]. Journal of Applied Social Psychology, 2018, 48 (7): 388-397.

[71] Jung D I, Ehrlich S B and De Noble A F. Entrepreneurial self–efficacy and its relationship to entrepreneurial action: A comparative study between the US and Korea [J]. International Management, 2001, 6 (1): 41-53.

[72] Karlsson T, Moberg K. Improving perceived entrepreneurial abilities through education: Exploratory testing of an entrepreneurial self–efficacy scale in a pre – post setting [J]. The International Journal Management Education, 2013 (11): 1-11.

[73] Kasouf C J, Morrish S C and Miles M P. The moderating role of explanatory style between experience and entrepreneurial self–efficacy [J]. International Entrepreneurship and Management Journal, 2013, 11 (1): 1-17.

[74] Kautonen T, Van Gelderen M and Fink M. Robustness of the theory of planned behavior in predicting entrepreneurial intentions and actions [J]. Entrepreneurship Theory and Practice, 2015, 39 (3): 655-674.

[75] Keat O Y, Selvarajah C and Meyer D. Inclination towards entrepreneurship among university students: An empirical study of Malaysian university students [J]. International Journal of Business and Social Science, 2011, 2 (4): 206-220.

[76] Kristof-Brown A L, Zimmerman R D and Johnson E C. Consequences of individuals' fit at work: A meta-analysis of person-job, person-organization, person-group, and person-supervisor fit [J]. Personnel Psychology, 2005, 58 (2): 281-342.

[77] Krueger N F, A L Carsrud. Entrepreneurial intentions: Applying the theory of planned behaviour [J]. Entrepreneurial and Regional Development, 1993, 5 (4): 315-330.

[78] Lerner D A, Hunt R A and Dimov D. Action! Moving beyond the intendedly-rational logics of entrepreneurship [J]. Journal of Business Venturing, 2018, 33 (1): 52-69.

[79] Li M Z, Liu W X, Han Y and Zhang P C. Linking empowering leadership and change-oriented organizational citizenship behavior [J]. Journal of Organizational Change Management, 2016, 29 (5): 732-750.

[80] Liu D, Chen X P, Yao X. From autonomy to creativity: A multilevel investigation of the mediating role of harmonious passion [J]. Journal of Applied Psychology, 2011, 96 (2): 294-309.

[81] Liu J, Bern-Klug M. Nursing home social services directors who report thriving at work [J]. Journal of Gerontological Social Work, 2013, 56 (2): 127-145.

[82] Lumpkin G T, Dess G G. Clarifying the entrepreneurial orientation con-

struct and linking it to performance [J]. Academy of Management Review, 1996, 21 (1): 135-172.

[83] Madjar N, Oldham G R and Pratt M G. There's no place like home? The contributions of work and nonwork creativity support to employees' creative performance [J]. Academy of Management Journal, 2002, 45 (4): 757-767.

[84] Marchiondo L A, Cortina L M, Kabat-Farr D. Attributions and appraisals of workplace incivility: Finding light on the dark side? [J]. Applied Psychology, 2018 (67): 369-400.

[85] Marques C S, Ferreira J J, Gomes D N and Rodrigues R G. Entrepreneurship education: How psychological, demographic and behavioural factors predict the entrepreneurial intention [J]. Education and Training, 2012.

[86] Matzler K, Bauer F A and Mooradian T A. Self-esteem and transformational leadership [J]. Journal of Managerial Psychology, 2015, 30 (7): 815-831.

[87] Ma X, Jiang W. Transformational leadership, transactional leadership, and employee creativity in entrepreneurial firms [J]. The Journal of Applied Behavioral Science, 2018, 54 (3): 302-324.

[88] McClelland D C. The achieving society [M]. Princeton, NJ: Van Nostrand, 1961.

[89] Mehmood M S, Jian Z, Akram U, et al. Entrepreneurial leadership and team creativity: The roles of team psychological safety and knowledge sharing [J]. Personnel Review, 2021, 51 (9): 2404-2425.

[90] Miller D. The correlates of entrepreneurship in three types of firms [J]. Management Science, 1983, 29 (7): 770-791.

[91] Miller J B, Stiver I P. The healing connection: How women form relationships in therapy and in life [M]. Boston: Beacon Press, 1997.

[92] Milošević I, Paterson T A and Bass A E. Thriving under pressure: An

exploration of research productivity in business Ph. D. programs [J]. Academy of Management Annual Meeting Proceedings, 2014 (1): 12115-12129.

[93] Minniti M, Bygrave W. A dynamic model of entrepreneurial learning [J]. Entrepreneurship: Theory and Practice, 2001, 25 (3): 5-16.

[94] Mittl S, Dhar R L. Transformational leadership and employee creativity: Mediating role of creative self—efficacy and moderating role of knowledge sharing [J]. Management Decision, 2015, 53 (5): 894-910.

[95] Morrison E W. Doing the job well: An investigation of pro-social rule breaking [J]. Journal of Management, 2006, 32 (1): 5-28.

[96] Mortier A V, Vlerick P and Clays E. Authentic leadership and thriving among nurses: The mediating role of empathy [J]. Journal of Nursing Management, 2016, 24 (3): 357-365.

[97] Nasution A H. Correlation between achievement motivation and entrepreneurial leadership quality: Meta-analysis [J]. The Journal for Technology and Science, 2010, 21 (4): 6-12.

[98] Neal Schmitt, Frederick L, Oswald Brian, H Kim, Anna Imus, Stephanie Merritt, Alyssa Friede and Smriti Shivpuri. The use of background and ability profiles to predict college student outcomes [J]. Journal of Applied Psychology, 2007, 92 (1): 165-179.

[99] Newman A, Neesham C, Manville G, et al. Examining the influence of servant and entrepreneurial leadership on the work outcomes of employees in social enterprises [J]. The International Journal of Human Resource Management, 2018, 29 (20): 2905-2926.

[100] Nicholls. Motivation [M]//H E Mitzled. Encyclopedia of education research (15ed). New York: Macmillian, 1982: 1256-1263.

[101] Niesen W, Van Hootegem A, Handaja Y, Battistelli A, de Witte H. Quantitative and qualitative job insecurity and idea generation: The mediating role

of psychological contract breach [J]. Scandinavian Journal of Work and Organizational Psychology, 2018, 3 (1): 1-14.

[102] Nix G A, Ryan R M, Manly J B, et al. Revitalization through self-regulation: The effects of autonomous and controlled motivation on happiness and vitality [J]. Journal of Experimental Social Psychology, 1999, 35 (3): 266-284.

[103] Oldham G R, Cummings A. Employee creativity: Personal and contextual factors at work [J]. Academy of Management Journal, 1996, 39 (3): 607-634.

[104] Papzan A, Zarafshanik, Tavakolim, et al. Determining factors influencing rural entrepreneurs success: A case study of Mahidasht township in Kermanshah province of Iran [J]. African Journal of Agricultural Research, 2008, 3 (9): 597-600.

[105] Paterson T A, Luthans F and Jeung W. Thriving at work: Impact of psychological capital and supervisor support [J]. Journal of Organizational Behavior, 2013, 35 (3): 434-446.

[106] Pauceanu A M, Rabie N, Moustafa A, et al. Entrepreneurial leadership and sustainable development—A systematic literature review [J]. Sustainability, 2021 (13).

[107] Paudel S. Entrepreneurial leadership and business performance: Effect of organizational innovation and environmental dynamism [J]. South Asian Journal of Business Studies, 2019, 8 (3): 348-369.

[108] Phan H P. Longitudinal examination of optimism, personal self-efficacy and student well-being: A path analysis [J]. Social Psychology of Education, 2016, 19 (2): 403-426.

[109] Phillips J M, Gully S M. Role of goal orientation, ability, need for achievement, and locus of control in the self-efficacy and goal-setting process

［J］. Journal of Applied Psychology, 1997, 82（5）: 792-802.

［110］ Preacher K J, Hayes A F. SPSS and SAS procedures for estimating indirect effects in simple mediation models ［J］. Behavior Research Methods, Instruments & Computers, 2004, 36（4）: 717-731.

［111］ Preacher K J, Rucker D D and Hayes A F. Addressing moderated mediation hypotheses: Theory, methods, and prescription ［J］. Multivariate Behavioral Research, 2007, 42（1）: 185-227.

［112］ Probst T M. Countering the negative effects of job insecurity through participative decision making, lessons from the demand-control model ［J］. Journal of Occupational Health Psychology, 2005, 10（4）: 320-329.

［113］ Rae D, Carswell M. Towards a conceptual understanding of entrepreneurial learning ［J］. Journal of Small Business and Enterprise Development, 2001, 8（2）: 150-158.

［114］ Renko M, El Tarabishy A, Carsrud A L, et al. Understanding and measuring entrepreneurial leadership style ［J］. Journal of Small Business Management, 2015, 53（1）: 54-74.

［115］ Reynolds Kueny C A, Francka E, Shoss M K, et al. Ripple effects of supervisor counterproductive work behavior directed at the organization: Using affective events theory to predict subordinates' decisions to enact CWB ［J］. Human Performance, 2020, 33（5）: 355-377.

［116］ Riaz S, Xu Y and Hussain S. Role of relational ties in the relationship between thriving at work and innovative work behavior: An empirical study ［J］. European Journal of Investigation in Health, Psychology and Edcation, 2020（10）: 218-231.

［117］ Rip B, Fortin S and Vallerand R J. The relationship between passion and injury in dance students ［J］. Journal of Dance Medicine & Science: Official Publication of the International Association for Dance Medicine & Science, 2006,

10 (1-2): 14-20.

[118] Rosenblatt Z, Talmud I and Ruvio A. A gener-based framework of the experience of job insecurity and its effects on work attitudes [J]. European Journal of Work and Organizational Psychology, 1999, 8 (2): 197-217.

[119] Russo M, Buonocore F, Carmeli A, et al. When family supportive supervisors meet employees' need for caring: Implications for work-family enrichment and thriving [J]. Journal of Management, 2018, 44 (4): 1678-1702.

[120] Sawaean F A A, Ali K A M. The impact of entrepreneurial leadership and learning orientation on organizational performance of SMEs: The mediating role of innovation capacity [J]. Management Science Letters, 2020, 10 (2): 369-380.

[121] Scherer R F, Adams J S, Carley S S, et al. Role model performance effects on development of entrepreneurial career preference [J]. Entrepreneurship Theory and Practice, 1989, 13 (1): 53-71.

[122] Schoon I, Duckworth K. Who becomes an entrepreneur? Early life experiences as predictors of entrepreneurship [J]. Developmental Psychology, 2012, 48 (6): 1719-1726.

[123] Selenko E, Mäkikangas A and Stride C B. Does job insecurity threaten who you are? Introducing a social identity perspective to explain well-being and performance consequences of job insecurity [J]. Journal of Organizational Behavior, 2017, 38 (6): 856-875.

[124] Sequeira J, Mueller S L and McGee J E. The influence of social ties and self-efficacy in forming entrepreneurial intentions and motivating nascent behavior [J]. Journal of Developmental Entrepreneurship, 2007, 12 (3): 275-293.

[125] Shalley C E, Gilson L L, Blum T C. Interactive effects of growth need strength, work context, and job complexity on self-reported creative performance [J]. Academy of Management Journal, 2009, 52 (3): 489-505.

[126] Shalley C E, Zhou J and Oldham G R. The effects of personal and contextual characteristics on creativity: Where should we go from here? [J]. Journal of Management, 2004, 30 (6): 933-958.

[127] Shapero A, Sokol L. Social dimensions of entrepreneurship [M]. Englewood Cliffs, NJ: Prentice Hall, 1982.

[128] Shin S J, Zhou J. Transformational leadership, conservation, and creativity: Evidence from Korea [J]. The Academy of Management Journal, 2003, 46 (6): 703-714.

[129] Shook C L, et al. Venture creation and the enterprising individual: A review and synthesis [J]. Journal of Management, 2003, 29 (3): 379-399.

[130] Shoss M K. Job insecurity: An integrative review and agenda for future research [J]. Journal of Management, 2017, 43 (6): 1911-1939.

[131] Siddiqui S. An empirical study of traits determining entrepreneurial leadership: An educational perspective [J]. Skyline Business Review, 2007, 4 (1): 37-44.

[132] Spreitzer G, Sutcliffe K, Dutton J, et al. A socially embedded model of thriving at work [J]. Informs, 2005 (5): 537-549.

[133] Spreitzer G, Sutcliffe K, Dutton J, Sonenshein S and Grant A M. A Socially Embedded Model of Thriving at Work [J]. Organization Science, 2005 (16): 537-549.

[134] Stephen Sutton. Predicting and explaining intentions and behavior: How well are we doing? [J]. Journal of Applied Social Psychology, 1998, 28 (15): 1317-1338.

[135] Sverke M, Hellgren J and Näswall K. No security: A meta-analysis and review of job insecurity and its consequences [J]. Journal of Occupational Health Psychology, 2002, 73 (3): 242-264.

[136] Sverke M, Hellgren J. Exit, voice, and loyalty reactions to job inse-

curity: Do unionized and non-unionized employees differ [J]. British Journal of Industrial Relations, 2001, 39: 167-182.

[137] Thakur M, Bansal A, Stokes P. The role of thriving and training in merger success: An integrative learning perspective [M]//Sydney Finkelstein, Cary Cooper. Advances in Mergers and Acquisitions. Emerald Group Publishing Limited: Bentley, UK, 2016.

[138] Thompson E R. Individual entrepreneurial intent: Construct clarification and development of an internationally reliable metric [J]. Entrepreneurship Theory and Practice, 2009, 33 (3): 669-694.

[139] Tierney P, Farmer S M. Creative self-efficacy: Its potential antecedents and relationship to creative performance [J]. Academy of Management Journal, 2002, 45 (6): 1137-1148.

[140] Tierney P, Farmer S M. Creative self-efficacy: Its potential antecedents and relationship to creative performance [J]. Academy of Management Journal, 2002, 45 (6): 1137-1148.

[141] Timmons A J, Zacharakis A and Spinellis. Business plans that work: A guide for small business [M]. New York: Mc Graw-Hill, 2004: 103.

[142] Tseng C C. Connecting self-directed learning with entrepreneurial learning to entrepreneurial performance [J]. International Journal of Entrepreneurial Behavior & Research, 2013, 19 (4): 425-446.

[143] Twenge J M, Campbell W K. Self-esteem and socioeconomic status: A meta-analytic review [J]. Personality and Social Psychology Review, 2002, 6 (1): 59-71.

[144] Vallerand R J, Mageau G A, Elliot A J, et al. Passion and performance attainment in sport [J]. Psychology of Sport and Exercise, 2008, 9 (3):373-392.

[145] Vallerand R J, Houlfort N. Passion at work: Toward a new conceptualization [J]//D Skarlicki, S Gilliland and D. Steiner (Eds.). Research in So-

cial Issues in Managemen, 2003 (3): 175-204.

[146] Vallerand R J, Blanchard C, Mageau G A, Koestner R, Ratelle C, Léonard M and Marsolais J. Les passions de l' ame: On obsessive and harmonious passion [J]. Journal of Personality and Social Psychology, 2003 (85): 756-767.

[147] Vallerand R J. From motivation to passion: In search of the motivational processes involved in a meaningful life [J]. Canadian Psychology, 2012, 53 (1): 42-52.

[148] Van Gelderen M, Kautonen T and Fink M. From entrepreneurial intentions to actions: Self-control and action-related doubt, fear, and aversion [J]. Journal of Business Venturing, 2015, 30 (5): 655-673.

[149] V Gupta, I C Macmillan, G Surie. Entrepreneurial leadership: Developing and measuring a cross cultural construct [J]. Journal of Business Venturing, 2004, 19 (2): 241-260.

[150] Vianen A E M V, Shen C T and Chuang A. Person-organization and person-supervisor fits: Employee commitments in a Chinese context [J]. Journal of Organizational Behavior, 2011, 32 (6): 906-926.

[151] Walumbwa F O, Muchiri M K, Misati E, et al. Inspired to perform: A multilevel investigation of antecedents and consequences of thriving at work [J]. Journal of Organizational Behavior, 2018, 39 (3): 249-261.

[152] Wang A C, Cheng B S. When does benevolent leadership lead to creativity? The moderating role of creative role identity and job autonomy [J]. Journal of Organizational Behavior, 2009, 31 (1): 106-120.

[153] Weiner B A. Theory of motivation for some classroom experiences [J]. Journal of Educational Psychology, 1979, 71 (1): 3-25.

[154] Wiklund J, Yu W and Patzelt H. Impulsivity and entrepreneurial action [J]. Academy of Management Perspectives, 2018, 32 (3): 379-403.

［155］Wilson F, Kickul J and Marlino D. Gender, entrepreneurial self-efficacy, and entrepreneurial career intentions: Implications for entrepreneurship education ［J］. Entrepreneurship Theory & Practice, 2007, 31 (3): 387-406.

［156］Wong Y T, Wong C S, Ngo H Y and Lui H K. Different responses to job insecurity of Chinese workers in joint ventures and state-owned enterprises ［J］. Human Relations, 2005, 58 (11): 1391-1418.

［157］Wu Y, Schulz L E, Frank M C and Gweon H. Emotion as information in early social learning ［J］. Current Directions in Psychological Science, 2021, 30 (6): 468-475.

［158］Yang Jin, Bentein Kathleen. Entrepreneurial leadership and employee creativity: A multilevel mediation model of entrepreneurial self-efficacy ［J］. Management Decision, 2023, 61 (9): 2645-2669.

［159］Zhang C, Nahrgang J D, Ashford S J and DeRue D S. The risky side of leadership: Conceptualizing risk perceptions in informal leadership and investigating the effects of their over-time changes in teams ［J］. Organization Science, 2020, 31 (5): 1138-1158.

［160］Zhang X, Bartol K M. Linking empowering leadership and employee creativity: The influence of psychological empowerment, intrinsic motivation, and creative process engagement ［J］. Academy of Management Journal, 2010, 53 (1): 107-128.

［161］Zhao H, Seibert S E and Hills G E. The mediating role of self-efficacy in the development of entrepreneurial intentions ［J］. Journal of Applied Psychology, 2005, 90 (6): 1265-1272.

［162］Zhou J, George J M. Awakening employee creativity: The role of leader emotional intelligence ［J］. Leadership Quarterly, 2003, 14 (4): 545-568.

［163］Zhou J, George J M. When job dissatisfaction leads to creativity: Encouraging the expression of voice ［J］. Academy of Management Journal, 2001, 44

(4)：682-696.

［164］Zhou，Jing. When the presence of creative coworkers is related to crea-tivity：Role of supervisor close monitoring，developmental feedback，and creative personality［J］. Journal of Applied Psychology，2003，88（3）：413-422.

［165］Zhou J，Ge L G，Li J and Chandrashekar S P. Entrepreneurs' socioe-conomic status and government expropriation in an emerging economy［J］. Strategic Entrepreneurship Journal，2020，14（3）：396-418.

［166］Zigarmi D，Nimon K，Houson D，Witt D and Diehl J. Beyond en-gagement：Toward a framework and operational definition for employee work passion ［J］. Human Resource Development Review，2009，8（3）：300-326.

［167］艾娟，周海燕，严晶华，黄红霞. 成就动机与创业意向的关系：自我效能感的中介作用［J］. 创新与创业教育，2016，7（1）：78-80.

［168］白景坤，王健. 创业导向能有效克服组织惰性吗？［J］. 科学学研究，2019（3）：492-499.

［169］班杜拉. 自我效能：控制的实施［M］. 缪小春译. 上海：华东师范大学出版社，2003.

［170］边文霞. 高校大学生学习能力与就业质量状况调查与分析［J］. 首都经济贸易大学学报，2011（6）：114-118.

［171］曹科岩. 大学生领导力研究评述［J］. 心理研究，2012，5（3）：90-93.

［172］陈洪安，李乐，刘俊红等. 职场友谊对员工工作繁荣影响的实证研究［J］. 华东师范大学学报（哲学社会科学版），2016，48（5）：150-160+195.

［173］陈文沛. 创业型领导影响员工创新行为多重中介效应的比较［J］. 技术经济，2015，34（10）：29-33+41.

［174］崔祥民，杨东涛，刘彩生. 创业意向向创业行为转化机制研究［J］. 科技管理研究，2017，37（4）：124-128+134.

［175］丁桂凤，张嫒，古纯文．大学生乐观、创业失败恐惧与创业意向的关系［J］.中国心理卫生杂志，2018（4）：339-343.

［176］丁琳，席酉民．变革型领导对员工创造力的作用机理研究［J］.管理科学，2008，21（6）：40-46.

［177］丁明磊，王云峰，吴晓丹．创业自我效能与企业家认知及创业行为关系研究［J］.商业研究，2008（11）：139-142.

［178］丁明磊，杨芳，王云峰．试析创业自我效能感及其对创业意向的影响［J］.外国经济与管理，2009，31（5）：1-7.

［179］杜海东．创业团队经验异质性对进入战略创新的影响：创业学习的调节作用［J］.科学学与科学技术管理，2014，35（1）：132-139.

［180］杜旌，王丹妮．匹配对创造性的影响：集体主义的调节作用［J］.心理学报，2009（10）：980-988.

［181］樊晶，付明明．论对大学生创业领导力培养和提升的策略［J］.怀化学院学报，2011（11）：71.

［182］范巍，王重鸣．创业倾向影响因素研究［J］.心理科学，2004（5）：1087-1090.

［183］范巍，王重鸣．创业意向维度结构的验证性因素分析［J］.人类工效学，2006（12）：14-16.

［184］冯冬冬，陆昌勤，萧爱铃．工作不安全感与幸福感、绩效的关系：自我效能感的作用［J］.心理学报，2008（4）：448-455.

［185］高宏，周晶．大学生创业动机——创业行为倾向模型研究［J］.黑龙江高教研究，2015（11）：118-121.

［186］耿紫珍，张晓飞．创业导向影响组织创造力和组织绩效的模型构建——组织双元的视角［J］.商业时代，2013（25）：89-90.

［187］古银华，卿涛，杨付等．包容型领导对下属创造力的双刃剑效应［J］.管理科学，2017，30（1）：119-130.

［188］顾远东，彭纪生．组织创新氛围对员工创新行为的影响：创新自

我效能感的中介作用［J］. 南开管理评论，2010，13（1）：30-41.

［189］郭丽君，刘强，卢向阳. 中外大学生公司创业学习政策的比较分析［J］. 高教探索，2008（1）：135.

［190］郭一蓉等. 领导对创造力的作用机制与理论基础探讨［J］. 中国人力资源开发，2018（8）：135-150.

［191］郭云贵，张丽华，刘睿. 员工创新自我效能感研究述评与展望［J］. 科技管理研究，2017（4）：144-148.

［192］韩力争. 创业教育的本质和落实关键［J］. 中国高等教育，2013（2）：48-50.

［193］韩翼，刘庚. 真实型领导与领导—成员匹配对工作繁荣的影响：社会嵌入视角［J］. 商业经济与管理，2020，341（3）：28-40.

［194］韩翼，魏文文. 领导—成员匹配对员工创造力的影响机制［J］. 武汉理工大学学报（社会科学版），2013，26（4）：543-550.

［195］郝喜玲，涂玉琦，刘依冉. 失败情境下创业者韧性对创业学习的影响研究［J］. 管理学报，2018（11）：1671-1679.

［196］何良兴，张玉利. 创业意愿与创业行为：研究述评与展望［J］. 外国经济与管理，2022，44（5）：64-78.

［197］何良兴，张玉利. 创业意愿与行为：舒适区和可承担损失视角的清晰集定性比较分析［J］. 科学学与科学技术管理，2020，41（8）：26-42.

［198］何雄明，蒋满意，余红剑. 创业团队战略共识对新创企业动态能力的影响——环境动态性的调节［J］. 创新科技，2017（10）：23-27.

［199］洪雁，王端旭. 领导行为与任务特征如何激发知识型员工创造力：创意自我效能感的中介作用［J］. 软科学，2011，25（9）：81-85.

［200］胡晋. 大学生成就动机与创业行为关系的实证研究［D］. 安徽大学硕士学位论文，2018.

［201］胡三嫚. 工作不安全感的研究现状与展望［J］. 心理科学进展，2007，15（6）：10.

［202］黄大星，李丽群．创业行为、意愿、决策分析［J］.农村经济与科技，2016，27（11）：185-186.

［203］黄胜兰．创业型领导对新创企业绩效的作用机理研究［D］.中国科学技术大学博士学位论文，2015.

［204］江静，杨百寅．善于质疑辨析就会有高创造力吗：中国情境下的领导—成员交换的弱化作用［J］.南开管理评论，2014，17（2）：117-128.

［205］焦豪，周江华，谢振东．创业导向与组织绩效间关系的实证研究——基于环境动态性的调节效应［J］.科学学与科学技术管理，2007（11）：70-76.

［206］柯江林，丁群．创业型领导对初创企业员工态度与创新绩效的影响——职场精神力的中介效应与领导—成员交换的调节作用［J］.经济与管理研究，2020，41（1）：91-103.

［207］柯江林，孙健敏，李永瑞．心理资本——本土量表的开发及中西比较［J］.心理学报，2009，41（9）：875-888.

［208］雷星晖，单志汶，苏涛永等．谦卑型领导行为对员工创造力的影响研究［J］.管理科学，2015，28（2）：115-125.

［209］李爱国，曾宪军．成长经历和社会支撑如何影响大学生的创业动机？——基于创业自我效能感的整合作用［J］.外国经济与管理，2018（4）：30-42.

［210］李超平，田宝，时勘．变革型领导与员工工作态度：心理授权的中介作用［J］.心理学报，2006（2）：297-307.

［211］李大为，乐国安．创业自我效能感研究进展综述［J］.心理研究，2013，6（3）：57-62.

［212］李国彦，李南．青年创业领导力与创业意向关系研究——基于江苏省青年创业行为抽样调查的分析［J］.中国青年研究，2017（4）：87-94.

［213］李恒，李玉章，陈昊等．创业型领导对员工组织承诺和工作满意度的影响——考虑情绪智力的中介作用［J］.技术经济，2014（1）：66-74.

[214] 李蕙羽. 技能型后备人才领导力结构及其测量——基于结构方程模型的探索 [J]. 领导科学, 2016 (12): 18-21.

[215] 李明华. 创业型领导行为对创业绩效的影响: 创业效能感的调节作用 [D]. 浙江大学硕士学位论文, 2011.

[216] 李朔, 易凌峰, 尹轶帅. 创业型领导行为何以激发员工创新行为? ——论创新自我效能感和组织认同的作用 [J]. 湖北社会科学, 2020 (11): 83-90.

[217] 李夏妍. 大学生组织参与度对领导力的影响 [J]. 高教探索, 2016 (8): 115-121.

[218] 李琰, 葛新权. 服务型领导对新生代员工工作激情的影响研究 [J]. 管理评论, 2020, 32 (11): 220-232.

[219] 梁春晓, 沈红. 创业学习对大学生创业意愿的影响机制研究——基于全国本科生能力测评的实证分析 [J]. 大学教育科学, 2022 (1): 54-63.

[220] 梁春晓, 沈红. 创造力对创业意愿的影响研究——城乡大学生的比较 [J]. 科技管理研究, 2021 (9): 77-83.

[221] 林芹. 创业型领导行为对组织创新的涟漪效应: 多层次效能机制研究 [D]. 华东师范大学博士学位论文, 2022.

[222] 林芹, 易凌峰. 不确定环境下创业型领导如何提升组织创新绩效 [J]. 科技进步与对策, 2021, 38 (9): 117-123.

[223] 刘伯龙. 创业型领导形成与作用机制研究 [D]. 吉林大学博士学位论文, 2019.

[224] 刘东, 姚晓莲, 周小虎. 基于自我效能感调节的创业"意愿—计划—行为"模型研究 [J]. 创新与创业教育, 2013, 4 (6): 11-16.

[225] 刘景江, 邹慧敏. 变革型领导和心理授权对员工创造力的影响 [J]. 科研管理, 2013, 34 (3): 68-74.

[226] 刘开勇. 学会学习: 初中生学习心理辅导课程 [M]. 北京: 人民

日报出版社，2018.

[227] 刘淑桢，叶龙，郭名. 工作不安全感如何成为创新行为的助推力——基于压力认知评价理论的研究 [J]. 经济管理，2019，41（11）：126-140.

[228] 刘效广，王艳平，李倩. 创新氛围对员工创造力影响的多水平分析 [J]. 管理评论，2010，22（8）：84-89.

[229] 刘宇娜. 创业意愿对创业行为的作用机制研究 [D]. 吉林大学博士学位论文，2018.

[230] 刘宇娜，张秀娥. 创业意愿、创业机会识别与创业行为关系的实证研究 [J]. 税务与经济，2018（2）：48-55.

[231] 陆园园，吴维库. 领导力核心四要素研究 [J]. 新视野，2013（2）：56-59.

[232] 骆鑫，张秀娥. 创业学习对创业成功的影响研究——基于有调节的中介效应模型 [J]. 社会科学战线，2023（3）：274-280.

[233] 马冰，杨蓉，杜旌等. 居危思变？工作不安全感对创新行为的差异化影响 [J]. 心理科学进展，2022，30（11）：2381-2394.

[234] 马喜芳等. 创业导向对组织创造力的作用机制研究 [J]. 研究与发展管理，2016（2）：73-83.

[235] ［美］Fred Luthans 等. 心理资本——激发内在竞争优势（第二版）[M]. 王垒等译. 北京：中国轻工业出版社，2019.

[236] 孟新，胡汉辉. 大学生创业自我效能感与创业意愿关系中的调节效应分析——以江苏高校的实证统计为例 [J]. 教育发展研究，2015（11）：79-84.

[237] 孟宣宇. 创业者领导行为、组织学习能力与新创企业竞争优势关系研究 [D]. 吉林大学博士学位论文，2013.

[238] 孟奕爽，周诗雨，马天琪. 基于 CiteSpace 的创业型领导研究知识图谱分析 [J]. 创新与创业教育，2022（6）：1-11.

［239］倪嘉成，李华晶．制度环境对科技人员创业认知与创业行为的影响［J］．科学学研究，2017，35（4）：585-592+624.

［240］欧阳琳．大学生创业学习的概念、特征及模型探究［J］．经济师，2020（6）：171-172.

［241］彭云峰，薛娇，孟晓华．创业导向对创新绩效的影响——环境动态性的调节作用［J］．系统管理学报，2019，28（6）：1014-1020.

［242］秦伟平，赵曙明．真我型领导与员工创造力——基于工作激情的中介作用［J］．软科学，2015，29（5）：82-86.

［243］秦瑶．成就动机对大学生创业意向影响研究［D］．山西财经大学硕士学位论文，2020.

［244］邱璨瑶．未来工作自我对员工创造力的影响：观点采择与创造力自我效能感的中介作用［D］．苏州大学硕士学位论文，2014.

［245］曲维鹏．创业型领导行为及其与创业绩效的关系研究［D］．浙江大学硕士学位论文，2006.

［246］单标安，蔡莉，鲁喜凤，刘钊．创业学习的内涵、维度及其测量［J］．科学学研究，2014，32（12）：1867-1875.

［247］桑新民．多媒体和网络环境下大学生学习能力培养的理论与实验研究［J］．中国远程教育，2000（11）：22-26.

［248］宋典，袁勇志，张伟炜．创业导向对员工创新行为影响的跨层次实证研究——以创新氛围和心理授权为中介变量［J］．科学学研究，2011，29（8）：1266-1273.

［249］宋国学．创业意愿如何转化为创业行为？——基于行动—状态导向作用的研究［J］．商业经济与管理，2022（3）：16-26.

［250］宋亚辉，何莉，巩振兴等．工作激情影响员工创造性绩效的中介机制［J］．浙江大学学报（理学版），2015，42（6）：9.

［251］孙圣兰，吕洁．授权型领导对员工创造力的影响：基于整合视角的分析［J］．研究与发展管理，2016，28（4）：117-125.

［252］孙跃，胡蓓，杨天中．基于成就动机的大学生创业意愿影响因素研究［J］．科技管理研究，2011，31（13）：130-134.

［253］汤明．创业自我效能感与创业意向关系研究［D］．中南大学硕士学位论文，2009.

［254］唐卫海，杨孟萍．简评班杜拉的社会学习理论［J］．天津师范大学学报，1996（5）：30-35.

［255］唐源鸿，卢谢峰，李珂．个人—组织匹配的概念、测量策略及应用：基于互动性与灵活性的反思［J］．心理科学进展，2010（11）：1762-1770.

［256］汪昕宇，吴克强，赵鑫，陈雄鹰．返乡农民工从机会型创业意愿到创业行为的转化机制——基于创业情境的叙事研究［J］．北京联合大学学报（人文社会科学版），2020，18（2）：96-106.

［257］王端旭，洪雁．组织氛围影响员工创造力的中介机制研究［J］．浙江大学学报（人文社会科学版），2011，41（2）：77-83.

［258］王芳．大学生领导力发展的影响因素研究［J］．当代青年研究，2013（3）：85-91.

［259］王弘钰，刘伯龙．创业型领导研究述评与展望［J］．外国经济与管理，2018，40（4）：84-95.

［260］王季，耿健男，肖宇佳．从意愿到行为：基于计划行为理论的学术创业行为整合模型［J］．外国经济与管理，2020，42（7）：64-81.

［261］王金凤，余良如，冯立杰，岳俊举．新创企业管理者能力与商业模式创新关系研究——环境动态性的调节作用［J］．管理学刊，2019，32（5）：47-55.

［262］王双龙．华人企业的家长式领导对创新行为的作用路径研究［J］．科研管理，2015，36（7）：105-112.

［263］王婷婷．环境动态性对创业导向与创业绩效之间关系的影响研究［D］．吉林大学硕士学位论文，2011.

［264］王影，苏涛永．创业型领导对员工即兴的影响机制研究［J］．软科学，2019，33（11）：69-74.

［265］王永跃，叶佳佳．伦理型领导、创造力自我效能感及员工创造力——绩效的调节作用［J］．科学学与科学技术管理，2015（9）：164-172.

［266］王重鸣，阳浙江．创业型领导理论研究及发展趋势［J］．心理科学，2006（4）：774-777.

［267］魏江，焦豪．创业导向、组织学习与动态能力关系研究［J］．外国经济与管理，2008（2）：36-41.

［268］温忠麟，张雷，侯杰泰，刘红云．中介效应检验程序及其应用［J］．心理学报，2004（5）：614-620.

［269］吴建祖，龚雪芹．创业导向对企业绩效影响的实证研究——环境动态性的调节作用［J］．科技管理研究，2015，35（9）：197-201.

［270］吴婉婷．环境动态性调节作用下的授权型领导、自我效能感和创新二元性［D］．中国科学技术大学硕士学位论文，2021.

［271］夏天添．真诚型领导对组织创新的研究——基于经验取样法的研究［J］．技术经济与管理研究，2019（3）：62-66.

［272］谢碧君．创意人才工作特性对工作繁荣的影响研究［D］．华侨大学硕士学位论文，2016.

［273］谢晓非．成就动机、冒险倾向与控制源［J］．北京大学学报（自然科学版），2002（3）：413-420.

［274］谢雅萍，王国林．家族性资源、创业行动学习与家族创业能力——乐观的调节作用［J］．科研管理，2016（2）：98-106.

［275］徐建伟，唐建荣．大学生创业行为触发机理研究［J］．科技进步与对策，2014，31（20）：141-145.

［276］徐金凤．大学生成就动机、创业自我效能感与创业意向关系研究［D］．延边大学硕士学位论文，2015.

［277］徐娟．创业型领导行为与创业绩效关系研究［D］．暨南大学硕士

学位论文，2013.

［278］徐长江，时勘．领导者组织文化匹配模式的研究构思［J］．管理评论，2003（7）：45-50+58.

［279］许德涛．大学生创新公司创业学习研究［D］．山东大学硕士学位论文，2013.

［280］杨付，张丽华．团队沟通、工作不安全氛围对创新行为的影响：创造力自我效能感的调节作用［J］．心理学报，2012，44（10）：1383-1401.

［281］杨晶照，杨东涛，孙倩景．组织文化类型对员工创新行为的作用机理研究［J］．科研管理，2012，33（9）：123-129.

［282］杨静．创业型领导研究述评［J］．中国人力资源开发，2012（8）：5-9.

［283］杨静，王重鸣．女性创业型领导：多维度结构与多水平影响效应［J］．管理世界，2013（9）：16，102-115+117+187-188.

［284］杨娟，官振中，蒲波．创业型领导的概念、维度与影响机制综述［J］．领导科学，2019（22）：62-64.

［285］杨钋，王琼，井美莹．大学生创业课程学习投入对创业意向的影响研究［J］．国家行政学院学报，2021（1）：85-95.

［286］杨煜．职业生涯韧性和员工主动变革行为的关系——冒险倾向的中介作用［J］．太原城市职业技术学院学报，2020（7）：32-36.

［287］杨振芳．工作支持对乡村教师工作激情的影响：基本心理需要满足的多重中介作用［J］．心理发展与教育，2023（6）：850-858.

［288］叶想忠．新创企业创业网络资源开发对创业绩效的影响：创业学习的调节作用［D］．吉林财经大学硕士学位论文，2020.

［289］叶映华．大学生创业意向影响因素研究［J］．教育研究，2009，30（4）：73-77.

［290］易朝辉，管琳．学者创业角色、创业导向与大学衍生企业创业绩

效 [J]. 科研管理, 2018 (11): 166-176.

[291] 易华. 创业导向有助于激发员工创新行为吗——创新意愿的中介作用 [J]. 财经理论与实践 (双月刊), 2018 (1): 134-139.

[292] 尹程, 欧阳琳. 大学生创业学习的内涵维度及测量 [J]. 科技资讯, 2018, 16 (22): 254+256.

[293] 尹俊, 裴学成, 李冬昕. 领导者的内隐成就动机、冒险倾向与企业国际化的关系 [J]. 南京师范大学学报 (社会科学版), 2013 (2): 53-59.

[294] 张海涛, 龙立荣. 领导风格与企业战略协同对创新气氛影响的内在机理研究 [J]. 科学学与科学技术管理, 2015 (6): 114-125.

[295] 张红. 创业学习对新创企业商业模式创新的影响: 有调节的中介效应 [D]. 吉林大学硕士学位论文, 2017.

[296] 张怀满. 试论大学学习的特点及大学生学习能力的培养 [J]. 黑龙江高教研究, 2010 (9): 129-131.

[297] 张剑, 李精精, 宋亚辉. 创业激情对员工工作激情的跨层次影响: 情绪感染的中介作用 [J]. 管理评论, 2018, 30 (11): 152-163.

[298] 张剑, 宋亚辉, 叶岚等. 工作激情研究: 理论及实证 [J]. 心理科学进展, 2014, 22 (8): 1269-1281.

[299] 张克兢. 基于知识获取视角的在校大学生创业学习研究 [D]. 东华大学博士学位论文, 2014.

[300] 张鹏程, 刘文兴, 廖建桥. 魅力型领导对员工创造力的影响机制: 仅有心理安全足够吗? [J]. 管理世界, 2011 (10): 94-107.

[301] 张平, 梁淑茵, 叶小凤. 组织惯性与企业绩效: 环境动态性的调节作用 [J]. 华南理工大学学报 (社会科学版), 2018, 20 (4): 13-22.

[302] 张韬. 正念思维对员工创造力的影响——以自我效能感为中介 [J]. 科技进步与对策, 2016 (4): 150-155.

[303] 张秀娥, 王超. 创业承诺能促进连续创业意愿吗? [J]. 科学学研究, 2020, 38 (3): 466-475.

［304］张秀娥，徐雪娇．创业学习与新创企业成长：一个链式中介效应模型［J］．研究与发展管理，2019，31（2）：11-19.

［305］张秀娥，赵敏慧．创业学习、创业能力与创业成功间关系研究回顾与展望［J］．经济管理，2017，39（6）：194-208.

［306］张翼，樊耘，邵芳，纪晓鹏．论人与组织匹配的内涵、类型与改进［J］．管理学报，2009，6（10）：1377-1383.

［307］张勇，刘海全，王明旋，青平．挑战性压力和阻断性压力对员工创造力的影响：自我效能的中介效应与组织公平的调节效应［J］．心理学报，2018（4）：450-461.

［308］张玉利，李乾文．公司创业导向、双元能力与组织绩效［J］．管理科学学报，2009（2）：137-152.

［309］赵婧．基于成就动机的大学生创业意向研究［J］．湖北经济学院学报（人文社会科学版），2015，12（10）：146-147.

［310］赵培培．江西省高校大学生创业领导力提升研究［D］．南昌大学硕士学位论文，2019.

［311］赵思嘉，易凌峰，连燕玲．创业型领导、组织韧性与新创企业绩效［J］．外国经济与管理，2021，43（3）：42-56.

［312］郑晓明，龚洋冉．创业领导力的创新之路［J］．清华管理评论，2015（11）：77-83.

［313］周必彧．创业学习、创业自我效能与大学生创业导向研究［D］．浙江工业大学博士学位论文，2015.

［314］周浩，龙立荣．工作不安全感、创造力自我效能对员工创造力的影响［J］．心理学报，2011，43（8）：929-940.

［315］周烁，金星晔，伏霖等．幸福经济学视角下的居民创业行为：来自中国的经验发现［J］．世界经济，2020，43（3）：26-45.

［316］周文霞，郭桂萍．自我效能感：概念、理论和应用［J］．中国人民大学学报，2006（1）：91-97.

［317］周霞，刘晓琴，张显峰．包容型领导测量及对员工工作繁荣、创造力之影响研究［J］．科学管理研究，2017，35（2）：81-84.

［318］朱爱胜，俞林，许敏，张天华．大学生创业意愿与创业行为影响因素研究——基于遗传算法优化 BP 神经网络［J］．技术经济与管理研究，2015（9）：33-37.

［319］朱朴义，胡蓓．科技人才工作不安全感对创新行为影响研究［J］．科学学研究，2014，32（9）：1360-1368.

［320］朱晓武，王玲．转型期我国企业组织结构与组织绩效的关系实证［J］．经济管理，2009（5）：140-146.

附　录

一、创业公司高管访谈提纲

1. 请您先简单介绍一下您所在的/所领导的这个公司的基本情况，比如企业的发展历程、行业性质、总体的生产经营情况、竞争情况等。

2. 贵企业所面对的外部市场环境是怎样的？比如政策环境、行业环境、社会环境、经济环境、技术环境等。

3. 创业公司的高层领导面临的主要管理任务有哪些？创业公司的高层领导的使命是怎样的？

4. 评定一个创业公司高层领导称职的标准应该包括哪些？

5. 您接触的创业公司高层领导当中，都有哪些地方表现好，还有哪些地方表现不好？

6. 您觉得一个优秀的创业型领导具体有哪些行为表现？

7. 您觉得一个优秀的创业型领导具有什么样的性格特点？

8. 创业型领导会对创业公司的哪些方面产生重要的影响？

9. 在企业内部和企业外部，制约高层创业型领导发挥作用的因素有哪些？

10. 根据您的观察、经验和体会，创业公司的高层领导如何才能促进组织的整体创新？

11. 根据您的观察、经验和体会，创业公司的高层领导如何才能加强组织中团队的创新？

12. 根据您的观察、经验和体会，创业公司的高层领导如何才能提高个体员工的创造力？

13. 创业公司中高管团队内部的工作关系和互动方式是怎样的？

14. 在中国创业和国外创业有什么不同？相较于在国外，在中国创业有哪些独特的挑战，又有哪些独特的管理任务？

15. 中国的创业型领导和国外的创业型领导有什么不同？

二、访谈案例

访谈案例一　广东深圳××网络科技有限公司创始人张董事长

1. 请您先简单介绍一下您所在的/所领导的这个公司的基本情况，比如企业的发展历程、行业性质、总体的生产经营情况、竞争情况等。

我分几条线来讲——首先是人力资源行业，从 20 世纪 90 年代末，网络招聘开始兴起，之前主要是现场招聘、人才中介和人才市场的形式。网络招聘兴起的原因主要是现场招聘的效率比较低下、招聘成本比较高，于是大家开始慢慢从第一阶段向第二阶段过渡，即从原来通过看报纸或者现场招聘来找工作到通过网络来找工作，这个过渡时间大概持续了十年时间。到 2008～2009 年时，招聘形式变成了猎头，即另一种形式的线下招聘。这种招聘形式不是像过去"大卖场"那样，而是更精准的约聘的方式。2008 年开始以后，传统线下招聘形式的活跃程度慢慢就往下走了，而新的方式兴起，行业是这样的发展过程。

现在人力资源行业的发展更加丰富多样了，不是简单招聘了，比如还有针对培训、薪酬、福利和个人职业规划而设计的业务，行业生态变得丰富多彩。从产业、企业还有社会企业发展的角度都伴随着这样的阶段。我一直认为 2008 年是个分水岭，2008 年之前的企业招聘处于优势地位，但从 2008 年开始，人才作为主导（以人才为中心）以后，企业慢慢地处于弱势地位了。所以现在招人很难，企业多人才少，特别是优秀的人才很难招聘到，企业通过约聘的方式也比较难招到合适的人了，因此需要通过中介机构来帮助精准找人。

我的公司从2005年进入这个行业，发展势头很好。在猎头服务兴起后，我们也用4~5年的时间慢慢进行二次转型了，业务也在不断发展和丰富中。从创业初期，我们一无所有，从几个人到现在，在深圳创业到业务开展到全国，总部一直在深圳，全部靠自己的力量，没有任何社会资源，就拼命地往前走。

目前，应该说在中国的人力资源服务业里，我们是一个比较独特的公司，现在很多知名的公司都进行了上市和融资，但我们靠自己打拼出来了。现市值5亿~10亿元。我们只想把企业经营好。目前，总公司和分公司有900~1000名员工。

2. 您是否觉得一个人要创业要成功的话，是不是必须要具备一些特质呢？

什么人能创业做企业，我认为特质很重要。创业需要具有一定的特质，不是谁都能创业并且成功的。比如，我上大学时就比较爱折腾，不怕事、胆子比较大，刚上大学半年我就决定以后不留在体制内，我想要出去闯荡。明确了想法后，我就努力自学计算机的知识，想尽一切办法寻找打工机会。我不太看重工作的工资、稳定程度和所带来的社会地位，反而内核或精神上的成就感和愉悦感对我更重要。

我就是属于那种很能折腾的人。我记得我上大学时，看到很多关于美国养猪、养牛的书，我看完了，就把书寄给家里面让家人养猪养牛，但家里面的都是老农民，养不了。其实我胆子比较大的那个就是上大学半年时间，我就决定了毕业后不留在这种体制内单位工作。我就开始想办法跳出去，我就要去打工，如果没打工的机会，我就会养牛养猪。我就是跟别人不一样的。我的同学毕业分配工作，进了体制内工作，看起来稳定、安全，也有社会地位，可是我就不愿意，我选择决定了肯定是会不断折腾，至于折腾是给别人打工，还是养牛养猪，那是个表现形式，包括创业也是一种表现形式而已。

在创业过程中是否清楚自己的目标，以及在遇到困难和挑战的时候是否有毅力坚持住是很重要的，能够扛得住压力。

我个人认为创业成功的人都坚信自己的产品是有特色的，不单一依靠资源的增加而成功。同时，还要有胆量和胆识，即认知和想法比较超前，并且敢去尝试。最后还要有宽广的胸怀，善于与他人分享，这些属于领导力的问题。在创业过程中有两个比较重要的东西，一个是领导力，另一个是管理能力。领导力居于核心地位，类似于创新能力，即能否在创新、变革的过程中，带领大家，让大家都相信和跟随着的能力；而管理能力是一种科学和工具，类似于复制能力，表现为能否将所打磨的产品和方法进行复制、传递下去，是一种普遍化而非个性化的东西。

其实，创业成功的是少数的。我认为但凡能成功的人，他不是靠真正的创业，是靠资源的增加。他绝对相信他的东西是有特色的，我现在也经常这样自我鼓励。

另外，胆量和胆识首先都要过关。第一，他有胆识，也就是在认知这块他比较超前。第二，胆量，对同样一个事物，当绝大部分人不敢介入时，他敢做。第三，这个人要有毅力，毅力不行的人是不能创业的。因为他最终要拼的是意志和毅力，就是他的坚持，遇到困难能扛得过去。绝大部分人在遇到困难时是扛不住的，抗压能力弱的话就失调了。他的情绪及各方面，都不能支撑创业面临的各种困难。第四，创业真要走得远的话还要胸怀比较宽广，善于与别人分享。他如果没有这些品质，创业之路难以走远。分享和胸怀，它属于领导力的问题。创业从根本上来讲就是两个，一个是领导力，另一个是管理能力，这两个是缺一不可。领导力是居于最核心的地位，就是你能影响别人的能力。也可以说，领导力就是创新能力，就他不断地在这个创新变革面前带领大家相信他、追随他，某种程度上就是创新。对企业是不断地去创新，不断地挑战自我认知。管理能力就是管理科学、管理工具，等等。什么叫管理能力？管理就复制能力。能不能把你现在打磨的东西相互复制？复制，就是能把经验等普遍化。管理不能复制化的话就不叫管理了，那就是个性化，一个人自己玩，当这个人离开后工作就会垮台，也就是企业对个人的高度依赖了。领导的问题是创新，在创新面前、坎坷面前、不确定面前他能不能指引大家，让大家还愿意追随他。不仅仅是钱的问题，发多少钱的问题，还有个让员工相信明天更美好的问题。你就成了大家的信仰。

领导力能不能培养呢？首先是管理能力，肯定是能学习。领导力能不能培养呢？肯定能培养，我认为领导力是能培养的，但个人认为40%~50%还是天生的，比如说个性、个人的资质和品质，还有个人的远见和见识也会有影响，不是任何人拿到资源就能够做成功的。个性和品质可以让员工愿意追随自己，而资质决定了个人能有多大可能做成功一件事。

特别是说做企业、创业的人没有人追随，没人愿意追随他们就很麻烦。企业里面没人追随，也是没人相信这个共同的目标，那也就走不远了。我看过一本书，内容挺好的，书名叫《原则》。美国人写的。作者讲的原则就是，其实所谓的领导力影响，有个很重要的东西，就是品质需要过关，别人追随你是因为相信你这个人。如果你对自己的认知不清楚，每天撒谎，等等。所以说这个是挺重要的。那么给员工发钱能不能使你具备领导力呢？确实，金钱的刺激也是领导力，但是这肯定是浅层次的，但是在同等金钱报酬的情况下，谁更有领导力那就是另一个模样了。

3. 您是不是会觉得父母亲会对您产生重大影响？思维方式、认知的角度跟别人不一样，是否也与家人有关系？

我受到的影响可能更多来自小时候，我个人觉得好多成功的创业家是具有天生的特质或个性的，当然还要有朝着目标努力以及愿意闯荡的欲望。能够支撑创业成功的原因，钱不是主要因素，我认为很多成功的企业家是思想家和政治家，他有长远的打算以及抱负，他们通过创办企业，实现自身的家国情怀和个人抱负。我相信很多人所说的专业、技能等，家庭影响是非常大的，比如说我不会弹钢琴，但别人会弹钢琴这个东西。但人骨子里还是有天生的东西，我认为人都是天生的。你比如说智商，那学习好的，考试，有的人总考第一名，而差的学生老考倒数第一名。也许对一部分人来说，家庭对他的影响没有起大的作用。就像我所处的家庭，我必须从黄土地里走出来，我必须翻过这个大山，就是说我要走出去，我要走出去看看世界。所以说支撑创业、真正支撑创业做得特别好不一定是钱本身。钱不能支持他走很远，绝对是无法支持的，一定是那些他从小就实现不了的目标。

4. 创业公司的高层领导面临的主要管理任务有哪些？创业公司的高层领导的使命是怎样的？

我认为企业所处的不同的阶段，可能有不同的管理任务，比如创业初期，我扮演的角色就是带领大家拼出一种商业模式，而到了第二阶段，则随着企业的发展，浮现出了很多矛盾和问题，这时就需要依靠科学管理方法去系统解决问题。

从管理任务这个角度来看，阶段不一样，监管也不一样，在创业初期阶段，我认为我当时扮演的角色就是我自己带头摸索出一种商业模式。当初我带着员工寻找一个商业模式，大家跟着我都带有创业精神。这是第一阶段。第二阶段就随着发展外部条件出现艰难以后，企业的矛盾就增多了，更多的任务就是发现、处理矛盾，但是无法系统性地解决这些问题。就可以就是管理是一个非常科学、艺术的，科学家艺术，它是系统地来思考。

提问：您给您的公司定位现在是处于哪个阶段？生命周期走到哪一步了？

我们现在处于二次创业阶段，创意升级，而不是转型。如果定位为转型的话，可能做事的心态就会不一样，也许会比较消极，感觉比较累，但如果定位是二次转型，一切就像是新的开始，心态上会保持初心，继续努力奋斗。多年来，我们不断从失败中吸取经验教训，不断反思和思考，在发展的过程中尽可能少犯错误，继续强化我们的领导力和管理能力，并不断做大做强。领导力就不断地变革和创新，管理能力就不断地复制和放大，把 1 变成 100，100 变成 1 万在最短的时间之内。

提问：刚才一直在强调这个领导力和管理能力，按照您自己的体会，您觉得在一个企业走到今天这一步，而且将来还会一直持续地走下去，您觉得这两个是很核心的吗？

非常重要。我认为领导力是天生的素质，体现在是否有人愿意追随，也许是领导的性格、个性、品质等这些原因影响的。而管理能力是复制和放大，他是一种方法帮助公司更好运作，并让好的东西持续延续。领导力和管理问题最终都会落在企业文化和价值观上，所以这两者需要基于企业的文化与价值观不断提炼和推进，这样才有利于公司的持续成长。

真正发挥影响力还是要靠文化。文化会起到至关重要的作用。如果没有企业文化作为一个凝聚人心的方式，领导力发挥的效用将是范围非常小的。比如我们公司，转型过程难吗？难！但我们的文化凝聚了很多员工，老员工都还在。相对深圳其他公司而言，我们公司的吸引力、号召力还是很强的，我们大批量地保有为公司服务十几年的老员工，很不错。这是企业文化的力量。

提问：张总您觉得像您现在二次创业，您现在的一些管理任务具体地来说是些什么呢？

我的管理任务是亲自跑市场、对接客户、打单和营销，在这个过程中，能够更敏锐地了解市场，让我清楚该怎么带领新人更好地完成项目。同时我很关注那些利国利民的项目，比如校企合作。虽然无法参与国家大事，学生以及这些年轻人的力量对国家来说是十分重要的，能够通过校企合作帮助到他们，让他们拓展知识和提升能力，是一件非常好的事情。

5. 创业公司的高层领导的使命是怎样的？

我个人的使命就是把这个企业带向辉煌和高度，要不断地学习和进取，抓住机会和不断反思。

怎么样才能有高度呢？一直努力这样去做。企业不够高，但还可以更高，我从来没放弃过。

6. 评定一个创业公司高层领导称职的标准应该包括哪些？

我认为创业者不一定是老板，还包括了高管们，而高管们的特质是十分重要的。目前大部分人的智商都不低，所以智商不会是首要因素，那么真正影响是否能成事的关键就是个人的特质，他的品质如何？是否有责任心和决断力？下属愿意继续跟随领导做事，大部分都是认同这位领导的为人处世，比如领导有责任心，出问题的时候不撂挑子，有担当；他愿意分享自己的知识和观点，能够站在他人的角度思考问题，并较为客观地指出问题所在，提供自身的意见，不自负；领导愿意学习和接受新的知识与观点，不会过于专制；还有具有魄力和决断力，能够在危急时刻冷静地做出判断；等等。通过这些品质、思想与价值观还有行为，不断影响下属，形成隐性的力量推动下属自觉地完成任务，形成良好的风气与文化循环。

7. 您接触的创业公司高层领导当中，都有哪些地方表现好，还有哪些地方表现不好？

我认为一个好企业家重要的是要真实，能给别人信赖感。而不好的企业家的行为就是满嘴谎话，对别人乱承诺，他这样做主要的目的就是忽悠客户赚临时性的大钱。但是，时间一长，就没人愿意追随他了。我觉得真实可能是一个优秀和不优秀的企业家两者最大的区别，也是最大的分水岭。

其次是谦虚，自己不清楚的东西就大方承认不清楚，并虚心向他人学习，不自大和狂妄，不好为人师。

8. 您觉得一个优秀的创业型领导具体有哪些行为表现？

我觉得第一个优秀的行为是，能够带领员工想办法将钱挣到手，这是员工愿意来工作做事的客观目的。第二个是能够让员工的个人能力得到提升，提供机会让他学习和成长，培养和发展他们。同时还要尊重员工，不把他们当小孩，而是与自身同等人格的人。还有优秀的企业家一定是个谦虚的企业家，如果他不谦虚，自大、很狂妄，不可一世、自负，那怎么行？他必须谦虚吧。请注意，谦虚并不是自卑，谦虚就是对自己认识不清楚的东西不会装作知道。

9. 您觉得一个优秀的创业型领导具有什么样的性格特点？

我认为与血型有关系，还有人格特征，但这一块我没有做深入研究。

我曾经读到一本书，其观点是认为能把企业做成功的往往是内向的人。目前我也不太明确这个观点是否正确。

这其中的学问特别大，因为我们有三种人，一种性格外向，还有一种性格内向，还有一种是介于两者之间。这本书认为性格内向的人往往把企业做得特别牛。但是，马云性格内向吗？马化腾性格内向吗？任正非是性格内向还是外向呢？我觉得这种人可能是个矛盾体，又是一个综合体。西方的研究说，真正把企业带向成功的，往往是内向的。但我从乔布斯的性格来看，很古怪，正常的人都受不了他，但是他能够创作出这样一个企业，让很多人愿意跟他干。所以，我个人觉得，性格内向与外向是否更容易创业成功，没有绝对的说法。

10. 创业型领导会对创业公司的哪些方面产生重要的影响？

我认为在文化和价值观方面会产生影响，目前公司中留下来的人都基本认同我的文化和价值观，我们公司的员工和团队没有什么心眼儿，都是愿意踏踏实实做事的人，并且从上到下都形成了文化认同。同时领导者的远见也对公司有所影响，思考事情的角度和深度能够影响员工们的认知与行为，能够为他们指明方向。

11. 在企业内部和企业外部，制约高层创业型领导发挥作用的因素有哪些？

首先我认为是自己的能力、见识高度和事业能力等，不是所有人拿一笔钱就能做成功创业的，所以差别就出现在了个体先天的因素上，比如特质、自身条件与资源。

其次是环境因素，比如行业的就业、生存和成长环境——准入门槛的高低、运营的难度、管理的难度等，都会影响企业领导者的发挥。

12. 根据您的观察、经验和体会，创业公司的高层领导如何才能加强组织的整体创新及组织中团队的创新？

目前，我们公司是不缺创新的，我们最大的问题是创新的东西太多了（笑）。其实，我怕团队不创新，担心团队死气沉沉，连想法都没有了。怎么样让大家有这么多创新的呢？

个人认为，首先，我是个喜欢折腾的人，不论在哪个公司工作，我着急别人的事，天生的，生怕这个企业怎么这么多问题，天天操心（也就是以天下为己任吧）。我就提出来很多的想法，挡都挡不住我喜欢给别人提想法——他应该这样干应该那样干。

其次，我比较善于给员工们提出意见，并且喜欢和他们讨论与交流，合理的意见我会吸收，也会中和大家的想法，我在讨论中，吸取合理的意见与建议，不会认为自己没面子。

在文化上面，我们已经布局培养了创新的土壤。高层鼓励团队有新想法，建立起来鼓励出新的制度，营造创新的氛围，久而久之公司形成了一种创新、平等、公开的文化土壤，各个团队也都乐意分享自己的观点，愿意一块交流问题，吸收别人很多的新东西，同时，也激发了团队及团队成员的创新意识。创新变成一种意识或者氛围，所有人觉得我们必须要去创新。

13. 根据您的观察、经验和体会，创业公司的高层领导如何才能提高个体员工的创造力？

其实公司整体创业是比较有难度的，难度在于原有形成的一套发展模式已经让公司产生了惯性，惯性里面有组织老化、利益结构板结等现象，想要调整这些因素会很难。所以我们坚持是双轮驱动的运营模式，分成旧业务和新业务两个板块。老员工继续做旧业务，而新人或新员工承接一些新业务，因为新员工尚未接触新业务，他们的创新意识会更强，不会受到老业务的思维模式影响。还有组织层面，也需要分成两个队伍，新旧队伍必须分开做事，不能碰到一起，不然容易出现很多矛盾和问题。

14. 创业公司中高管团队内部的工作关系和互动方式是怎样的？

我们的互动偏向于在工作中，私底下互动较少，能够留存下来的高管基本都互相信任，并且文化价值观是保持相对一致的，这是我们认为的良性互动方式。另外，公司的组织架构是比较扁平化的，不存在森严的等级制，所以大家的沟通和互动会比较轻松。

15. 在中国创业和国外创业有什么不同？相较于在国外，在中国创业有哪些独特的挑战，又有哪些独特的管理任务？

我在斯坦福学习的时候，有一位教创新创业课程的老师和我们说，西方在创新创业过程中比较困难的事是创新，而中国则是人力资源管理。如果中国做企业做不好，就是人太难管了。在中国把企业做好了那是太牛了，他了不起，为啥？中国人最难管，缺少规则的意识，专业化程度较低，各个想做老板，各个占山为王，都是"宁做鸡头，不做凤尾"的这种思维方式。另外，也与中国的文化有关系，从小我们接受的是"人家谁谁谁多么轻松工作，还能多拿钱"，总想着干活怎样才能轻松一点、怎么糊弄一下等应付的心态，很少从为社会做多大贡献的视角想问题。但西方恰恰相反，他们关注创新，人员的职业化、专业化程度比较高，人们普遍认为"我拿着钱就好好干"，不用管理者引导"我得对得起这个工作"，并且人员的想法没那么复杂、多变，自然也好管理很多。如果秉持一个应付的心态做事，那么很多事都难做成，所以从这个角度来看，在中国创业相对来说比较难。

当然，我对在中国创业还是蛮有信心的。目前，我们整个社会在鼓励创新，倡导价值贡献，我们创业的环境、机制会越来越好。

访谈案例二　江苏苏州某电商公司李总经理

1. 请您先简单介绍一下您所在的/所领导的这个公司的基本情况，比如企业的发展历程、行业性质、总体的生产经营情况、竞争情况。

目前整个公司都是我在管理，相当于副总或总经理的角色。因为我们公司小，所以不存在说 CEO 跟董事长的概念。我们公司从 2012 年创业，由一家小型贸易公司发展到现在的规模，有六七年的时间。2015 年开始，我们的业务由 B to B 业务，发展出了 B to C 业务。2018 年后，除了原有的贸易业务外，开始做企业服务。我是 2018 年加入这家公司的，当时公司的业务是发展得还不错的，但缺少制度、体系、流程、框架和文化，所以我加入之后，从不同视角将这些都整理了一遍，使它们更加规范化，并更具有前瞻性。因为十人团队靠人治，百人团队靠流程和制度，千人万人团队就要靠文化，所以我们现在在制度跟文化这两个维度上是比较重视的。随着公司不断壮大，我们会在这两个维度上投入更多精力和工夫去完善与提升。

2. 贵企业所面对的外部市场环境是怎样的？比如政策环境、行业环境、社会环境、经济环境、技术环境等。

目前在竞争方面，电商行业的竞争是非常激烈的，比传统行业激烈很多。比如说像这种产品，利润率会急速下降，可能它的生命周期就只有三个月或半年。技术环境更新非常快，所以技术团队，包括产品研发要跟得上平台的发展。因为外部市场变化太快了，所以创新能力要求就很高，不能像传统行业在"等待"。所以电商企业的寿命普遍会短，就是因为它的外部环境变化得会比传统行业的快，如果不转型、不创新，它就会消亡。

客观来说，因为我们是做跨境电商业务，主要以外贸出口为主，它的市场没有那么大，政府刚刚意识到它的重要性，尚未提供太多优惠政策或扶持政策。同时，这也与地域有关，如果是在广州、义乌、杭州这样以小型制造业为发展重心的城市会好些，但在以高端制造业为经济发展重心的苏州，政府对于体量较小的跨境公司扶持力度相对少很多。再者，政府有时制定的政策也会较行业发展速度滞后些，并且多持有"模仿""学习"的观点，很少会鼓励大力度地"创造""创新"。但未来我相信会很好，因为现在设立的自贸区的开放程度会越来越好，所以对于我们这样的企业来说，在苏州园区创业是非常有好处的。

3. 创业公司的高层领导面临的主要管理任务有哪些？创业公司的高层领导的使命是怎样的？

可以从三个层次来说，高层领导者的管理任务主要负责使命、愿景、价值观三个方面，中层就是战略和战术，基层就是组织能力，而组织能力包含了公司的培训、文化、机制、绩效等。高层领导最应该先做的是确定公司的使命与价值观，也就是公司要去的最远的地方在哪里，比如我们当前的使命是让更好的产品与服务走向全球，愿景是"赋能10万家企业，绽放员工，成为受人尊敬的生态型企业"，所以我们要把公司做成非常扁平、开放、允许犯错的形式。因为生态就代表优胜劣汰，生态不是控制，现在很多公司的组织是强控制性的，不太有利于员工的发展。而价值观可以理解成一个人的想法跟言行举止，它没有好与坏，但是每一家公司为什么需要有自己的独立的价值观，因为价值观可以让员工去完成使命和愿景，这才是串起来的，即使命拆愿景，愿景拆价值观，价值观倒推我们的使命和愿景的实现。它是一个由上往下和由下往上的过程，这个过程是高层管理者需要去串起来的。

高层的管理任务就是在把使命确定，并且打深打穿，因为当前很多公司仅仅把使命、价值观、文化挂在墙上，这是没有意义的。这些东西与钱或绩效考核相挂钩时，才能够做出来、推行得下去。价值观有向上向下两种方向，向上无限追求，向下则在无法容忍的一些事情上设置高压线，比如员工做得很好则会得到奖励，但对不能容忍的事会小题大做，让员工知道这是绝对不能触犯的。

我作为公司高层领导，个人使命是带着团队打胜仗，因为在当前竞争激烈的环境下，能否在竞争赛中获得胜利，主要看领导者，我们不是为了打仗而打仗，而是为了胜利，所以胜利是管理者的第一要务，也是高层领导的重要使命。

4. 评定一个创业公司高层领导称职的标准应该包括哪些？

评定一个创业公司高层领导称职的标准，宽泛地来说，就是五个：第 1 个是"以身作则"；第 2 个是"共起愿景"；第 3 个是"挑战现状"；第 4 个是"使众人行"；第 5 个是"激励人心"。"以身作则"是领导力权威的来源；"共起愿景"是让大家有共同的目标；"挑战现状"是创新、突破、成长和胜利；"使众人行"要驱使大家跟你一起干，是让大家一起干活，而不是自己单干；"激励人心"是领导力的权威的来源，是让跟随的员工都能获得他想要的东西——钱、成长和空间（权力），激励人心就需要回归到这三个东西上面，要么是给他更多的钱，要么给他成长培训，要么给他发展空间，要么给他职位，要么给他权力。

5. 您接触的创业公司高层领导当中，都有哪些地方表现好，还有哪些地方表现不好？

表现得不好的地方有：

经验主义至上：目前创业公司的高层领导当中，很多人不是科班出身，他们通常根据自己的经验来做决策，很多都是感性且经验主义的，这导致公司运营过程中存在较多盲区。另外，还会有"知识陷阱"或"知识诅咒"的存在，因为认为自己懂这些而想当然地做出了决策，出现独断专行或盲目自信的情况，这可能会产生错误的决策。

另外，时间精力管理不够好，工作效率会比较低下，家庭跟生活的平衡都做得比较差，较难在工作和生活中寻找到合适的平衡点，这导致自身长期处于亚健康的状态，还有不良的工作习惯，例如熬夜加班等。

表现得好的方面是：

创业公司的领导者们心理通常是很强大的，内心往往都是很强大的，比如抗压力、情绪管理能力、受挫能力都会优于常人。

另外，虽然他们的能力可能一般，但做事的标准设置高，往往会设立得更极致，比如高层领导者和基层员工擦同样的杯子，高层领导会擦得更干净，这与能力没有关系，而是行为标准不同，他们对自己的要求更高、更极致。

6. 您觉得一个优秀的创业型领导具体有哪些行为表现？

我觉得其实刚才我们讲了那 5 个点，就是一个比较优秀的创业型领导的行为表现。

7. 您觉得一个优秀的创业型领导具有什么样的性格特点？

我觉得首先要自信，取得胜利最核心的就是自信，与其他竞争者在竞争、挑战现状的时候，是否相信自己的团队？相信自己和团队能够获胜？

其次是积极乐观、正能量和正向思考，比如遇到失败和问题的时候如何解读？

再者，要具有绿灯思维，即当别人和自己的想法不一样时，你将如何看待？是阻抗的，还是接收、学习、自我提升和自我改变的？其实也就是一种学习能力。作为一名优秀的领导者，应该是学得多、做得好的。

综合来说，3 个点中，最重要的是自信，自信可以让人更好地往前冲，正向思考能够在遇到问题、挫折、矛盾的时候更好地缓解自己的情绪，学习能力能够保证在环境飞速变化的今天，不会落后和闭塞。学习能力不仅指学习新知识，更重要的是能够将知识落地，"学"跟"做"，以及"做到"和"做好"是不一样的过程。优秀的领导者一定是"学"后，马上"做"，并努力"做好"的人。

8. 创业型领导会对创业公司的哪些方面产生重要的影响？

首先，创业型领导对下属的影响会很大，领导是什么样的人，员工也会逐渐变成像他一样的人。所以这对领导的要求很高，除了要会做事以外，还要会做人，即品德和人格需要端正，并不断修正、完善，正向和负向的行为对他人的影响都是很大的。同时，通过改变员工而逐步扩展到改变整个公司，比如公司的制度、文化等。影响不是短期呈现的，是一个长远的过程，但对各方面影响都深远。

9. 在企业内部和企业外部，制约高层创业型领导发挥作用的因素有哪些？

我认为内部制约因素是我的直接下属，直接下属的能力，这是会对我的发挥作用有巨大的影响。如果下属给力我会有更多时间精力集中在他们无法办到的事情上。

外部因素对我们的影响不太大，比如资金问题，因为我们主要靠自有资金发展起来的，且做的业务不是大型业务，是轻资产企业，现金流比较好，这方面对我们的影响就较小了。

但同行的恶意竞争会对我们造成比较大的影响，比如"价格战"还有"盗图"等行为，会导致我们的效益受影响。作为电商企业，渠道是公开的，价格是公开的，很容易被竞争对手恶性竞争。比如同一物品，我们卖20元钱，对方为了抢占市场，他会卖10元钱。或者，对方来买我们的商品，故意给差评，等等。这样的情况很典型，没法追责，没法控制，没法防范，完全不可控。这就是外部非常大的风险。

10. 根据您的观察、经验和体会，创业公司的高层领导如何才能促进组织的整体（团队）的创新？

高层管理主要涉及三个方面的事——道、谋、仁政信，道和谋是战略和战术，也就是使命、价值观，而仁政信涉及组织能力、培训、发展、薪酬、绩效等，它为上面这些服务。还有一个模型叫杨三角，包含三个问题"愿不愿意？""能不能？""许不许？"，"愿不愿意？"对应的就是文化，"能不能？"对应的是培训，"许不许？"对应的是机制。假设当前要提升创新力，光靠"点"的问题是解决不了"系统"问题的，所以这时候就需要有鼓励创新的文化，提升创新能力、思维、意识的培训，还要有鼓励员工创新的机制、绩效考核，并且让做了创新行为的员工给没有做的员工传授经验，在某一条路上深挖、打穿，再考虑下一步。也就是在公司价值观层面，就应该有鼓励创新的因素，并经常宣导，在绩效考核方面，也要把创新纳入考核当中来。

同时，还要允许失败。高层管理者的容错度越高，公司创新的氛围就越好。正视失败，明确经验是需要从失败中汲取的，并且积极地利用失败经验，让员工们不惧怕失败，勇敢地尝试、创新和积极思考。

另外，有高层管理者执着和坚持的问题。在做任何事情上，决策前要充分讨论，决策后坚决执行，即使决策时错的，也要执行下去。所以高层领导的坚定、执着是很重要的。10 分决策，3 分执行，那结果只有 3 分；8 分的决策，5 分的执行，它就有 5 分。当决策是对的时候，执行比决策要重要，所以一定要坚持下去。在创新路上，第 1 个阶段是公司搞文化、搞培训、搞机制，然后让员工被动式地创新；第 2 个阶段一定是主动式的创新，让员工养成创新的思维，创新的习惯，然后给他进行考核、奖惩、排序、文化、培训等，按阶段把所有链条串联起来。

如果管理者想要创新的话，就必须坚持，越是难的事情越要坚持。而且创新会成为一个永恒的主题。为了培养更多创新行为，我们公司采取了一些具体措施，比如每个季度会设置"创新之星"和"创新标杆"评比，而且每个月会有 30% 的绩效考核是跟价值观挂钩的，通过这些方式让员工明白创新是有价值的。举个例子，有员工做出突出贡献，把成本降低了 10%，减少支出 10 万元。公司物质和精神双重奖励，一次性奖励他几千元钱，员工的创新积极性自然就出来了。

此外，高层领导者的言行举止也能对组织、团队和员工的创造力产生影响。创新不仅仅是员工们的事，领导们的言行举止也需要创新，如果故步自封，只是要求别人做，自己不创新，故步自封的话，会让员工认为"凭什么让我们创新"。所以，高层领导必须以身作则，让员工创新，领导自身就要足够创新。

另外，现在很多公司的高层管理者们缺少学习输入的过程，只是输出重复劳动，只有学习了具有创新的素材，才能有创新的驱动力。所以持续的学习，不论是刚参加工作的，还是工作了 5 年、10 年的，只有持续学习，才能大进步、大发展。

11. 根据您的观察、经验和体会，创业公司的高层领导如何才能提高个体员工的创造力？

可以通过给员工布置任务来提升创新能力。比如确定一个小任务，然后带领大家共同完成这个目标，从实际的创新任务上给员工构建自信，从小创新获得创新的快感、成就感和自信，员工才能够慢慢养成创新的思维。如果第 1 次创新失败了，第 2 次也失败了，员工就对创新没兴趣了。比如说进行工作流程创新，或者员工个人工作习惯创新，先体验到创新的好处，然后在传递创新理念的时候，员工就更加容易接受。所以要设置一个递进的、从小创新逐步到大创新来尝试。

另外，最核心的还是前面提到的一个视角，允许失败。容错，高层管理者的容错度越高，公司创新的氛围就越好。包括对于下属犯错的这种接纳度，需要高层管理者修炼。中国有句老话叫"大树底下寸草不生"。也就是说，从某种角度来看，管理者越强下面越弱。领导的手伸得越长，下属越不会成长越没有创新力——员工就等领导交代怎么做就好了。"容错"是管理者在管理的过程当中不断修炼的一个过程，允许他犯错，允许他做得不好。

还有一个是我会把我的任务拆解给下属们做，比如实际是应该我来做的事，我会拆解为一些小项，这些小任务的难度是比下属的能力高的，让他们去做一些更难的事情，就可以提升他们的能力和创造力。这是"能力"和"现状"的问题，如果"能力"与"现状"匹配或较高，那么员工做久后会觉得很容易，停滞成长的情况就会发生，但"能力"低于"现状"的话，员工会努力完成，虽然完成得不是很好，但成长是最快的，他们需要走出舒适圈，才能形成创造力和不断地自我突破。当高层领导"逼"着下属突破，下属形成习惯后，他会开始"逼"自己，然后再"逼"他的下属，不断地从上至下的递推过程。

同时，在布置任务时，要告诉员工做这件事的原因和目的是什么，而不是简单告诉做什么和怎么做，因为当员工知道做事的原因后，他们会有内驱力，知道做这件事是有价值的，并逐步能看到外部和未来，下一次就能主动思考，并主动行动。

要倒逼每一个人在每个阶段其能力是低于现状的，造成员工付出了很多努力，还做得不是很好的情况，这时员工的创新成长才是最快的。也就是说，不能让员工停留在舒适圈里，当领导者发现员工似乎在舒适圈里，要把他拉出来，这样，他才能形成创造力，不断地自我突破。

另外，还有外部环境的塑造，让员工看到未来，看到需要长出来的能力，感觉到创新是有必要的，有价值的，形成内驱力。

12. 按照您的经历或者观察，创业公司中高管团队内部的工作关系和互动方式是怎样的？

大部分的创业型公司，高管团队都有一个很大的特点是既是上下级又是朋友。但二者的角色上会比较难平衡，有些人不太能接受今天称兄道弟，明天又被指责、批评。所以必须把关系和角色分开，要明确工作和私交是要分开的，公事公办。团队建立需要信任，而建立信任时必然需要搞好私下的关系，上级通常能明确区分私交和公务的关系，但下级往往会模糊，产生冲突和矛盾点。这个现象的根源还是没形成一种通透的、背靠背的信任，所以我们强调要形成这样的信任，这是处理关系的重要路径。

13. 在中国创业和国外创业有什么不同？相较于在国外，在中国创业有哪些独特的挑战，又有哪些独特的管理任务？

国外的精英教育是很普及的，他们是因岗设人，人才市场丰富能够快速找到合适的人来对应自己的岗位；但中国更多是因人设岗，比如因为和某个人的某种关系而设立一个岗位给他们，中国的人情社会特征在此体现出来了，这可能会成为创业型企业向上发展的阻碍。当要推行制度、文化的时候，可能会出现"情感绑架"的情况，员工们对事情和感情的关系很难分清楚，最终导致推行受阻。

中国管理者们面临的独特的管理任务是——除了要管事情外，还要管人。外企基本不管人，因为流程分得很清楚，他们只需将事情做好即可，但中国更多地要管人，因为岗位任务不明确，边界比较模糊。创新型的工作由于独创性，很多事尚未有人做过，所以员工的工作内容会有很多模糊的地带，想要做成这些事，还需要和各个层级的人搞好关系，工作的复杂度就会提高。而外企是流程化地做事，并且制度较为完善、成熟，所以会在人情世故方面节省很多时间。

14. 您觉得，中国的创业型领导和国外的创业型领导有什么不同？

我觉得首先是出发点不一样，中国创业者很多是从钱的角度出发，以钱为衡量标准，衡量是否做一件事的标准是"是否能赚钱"，而国外的创业者更多从"解决需求"的角度出发，如果自己有了新想法，同时也有需求，那么就会执行起来。这导致了国外能发展出很多百年企业，但中国的企业通常以"结果导向""利益导向"的，会经常切换方向，很少专注于解决某种需求。其次，企业领导者对于员工价值的衡量不一样，比如中国企业领导者多以纯结果导向来衡量，但是国外企业领导者会以社会公益性和员工的社会价值来衡量，他们会期待员工变成对社会更有价值的人。

综上所述，创业型领导虽然表面是位领导，但实际是位不断修行的人，他是修行者，修行是没有尽头、好与坏或方法论的，衡量修行状态的唯一标准就是"胜利"，这也符合生物进化论的原理——适者生存，适合的、存活下来的、获胜的才是最好的，能够适应竞争环境、适应竞争对手，去拥抱变化、创新、自我革新，不断地在变化的过程当中去活下来、发展起来，这才是好的。

访谈案例三　广西某会展公司何总经理

1. 请您先介绍一下您现在公司的一些基本的情况，比如说企业的发展历程、行业性质、总体的生产经营情况、竞争情况等。

我们的公司是 2011 年成立的。主要的业务体系是在活动、会展这两块做得比较专业一些，我们的领域做得稍微窄一些。但形式有很多的，比如产品发布会，有庆典活动等这类称之为赛事类和创意类的布置。我们跟别的会议公司不太一样的地方是希望能够通过我们的活动给客户创造出不一样的体验，并且能让这种体验成为价值。

我简单谈一下我们公司的使命，我们现在还未总结确定是使命还是企业的愿景，我们有两条是可以体现出来，我还没有把它归类，到底是哪一条比较确切。就是：我们希望通过会议和活动的形式，能够让客户体验到价值，体验到不一样的体验，并且让这种体验成为价值。也就是说，给客户提供震撼的感觉，接待方式、视频会议形式等，让你觉得原来会议可以这样开、这样做，产生正面想象和感受，并且让这种感受成为价值，这种价值，不管是商业价值，还是品牌价值，抑或是体系价值，最终会对公司的发展有作用。另外，我们公司叫×××公司，我是希望我们能够帮助合作的公司实现一个又一个成功，实现商业上的成功，登上一个又一个的高峰。

我们信奉一句话叫"专业立身、卓越执行"。希望通过专业立身、卓越执行对员工提出一些要求，也可以是讲企业的文化，我们是希望每个员工能够把每一个活动都做好。只有这样，才对得起客户的重托和希望。以上就是我思考的我们和别的公司不一样的地方。

我们每次开会强调得最多的，就是一定要尽我们最大的能力，用体系的力量把活动要办得万无一失。所以跟我们合作的客户，全部都能够达到他们的会议目的和要求，客户都非常满意。这也是我们一直以来发展得比别的公司稍微好的一个地方。

我们这个行业有一个比较大的难点，在于难以做到标准化。因为我们是做人的服务，是服务行业，是非标准件，不像一般工业企业那样有精确到零点几之类的操作标准和体系，每一个活动、项目，无法做到相同的操作流程，如何保证品质是有难度的。所以我们在员工培训上，花的时间和对标准流程的打造时间是比较多的。我们公司新人入职有一套最基本的培训流程，比如需要熟悉哪些流程，应该去学习哪些相关知识，应该在哪些岗位上实习多长时间，如何跟客人做沟通，如何做项目执行，等等，公司基本上有一个较为规范的操作流程。当然员工也有自己发挥的空间，但是基本上不会跑偏。

在人员的使用上，我们对人员要求比较高，薪资待遇在同行里面也是有竞争力的。公司希望能够通过高薪的这种方式，把最优秀的人留在公司工作。我们这个行业其实人也不好培养。所处的城市不大，对留住非常优秀的人才有难度。

2. 贵企业所面对的外部市场环境是怎样的？比如政策环境、行业环境、社会环境、经济环境、技术环境等。

会展行业在全国范围内可以分为全国性的布局公司，比如中青旅之类的公司，是规模比较大的。×××公司属于地方性的会展公司。面临的竞争主要来源于本地活动公司，××市居多，广西也有。我们现在主要的业务范围在××市。竞争很激烈，市场发展到目前程度，必然是要竞争非常惨烈的一个局面。

我们这个行业本质上讲，它不是一个刚需行业，会因为经济活动情况的好坏调整会议支出。会议和活动这一块，相对而言，我们公司比较专一，在××市，我们应该是最好的一家。由于××市是一个旅游城市，也是很好的会议目的地，所以能给会展企业发展的空间。但是，目前这个城市的市场盘子也不是很大，空间还是有限。

技术环境方面来看，会议的介入技术环节，肯定是在不断地变化和迭代，包括使用的主设备，最早用的是投影机，主会场用得比较多的是激光投影或者普通的投影。随着技术的更新迭代，目前换成了 LED 屏。总的来说，技术变化肯定是有，但是不会特别快，不像互联网方面的技术，很快就会把这个行业颠覆。因为行业整个体系的内核是聚焦服务，技术不是构成最主要区别的核心因素。它不是技术革新迭代特别快的一个行业。所以不管是用 LED 为客人做演示，还是用投影仪给客人做演示，它本质上需要的还是通过我们的服务来达到这样一个效果，所以技术对我们有影响，但不是最大的主要因素，最关键还是人的因素。

只要把服务提供好了，收入和体系都会随之而来。我们要给为客人提供最好的服务，做得比较高端一些，对品质的把控会稍微高一些。跟一些公司的做法不一样，以品质为先，不是以量取胜。

我们的核心优势是在我们能够为我们的客户创造价值，一般情况下，客户受价格影响的还比较少，对品质的追求很关键。

3. 您觉得作为创业公司的一个高层领导，特别像您这样的创始人，你面临的最主要的管理任务会有哪些？

关于管理任务，第一个也是非常重要的一点，就是企业的整个的战略发展，要知道我们公司未来发展的方向是什么？要往哪个方向走？这个是我最关注和一直焦虑的事项。我们公司其实面临非常多的选择，目前行业内虽然一般称作会议或者活动公司，但实际上有很多细分，分为新闻类、内容类以及创意类，等等。我们公司未来的路在哪儿，是需要深度思考的。看得更清楚一点，对我们来说是非常重要的一个根本。目前，品质为先是我们的追求，但是往哪个方向去投入、往哪个方向去努力是创始人最核心的任务。

第二个任务就是如何把核心员工稳定在公司，同时吸纳新人，实现人才积极的、良性的循环，这也是一个非常重要的任务。对于我来说，我花了很多精力在这方面。我们跟其他行业不一样，服务的是人，所以企业核心的核心就是人。作为高层领导，在管理上最主要的任务就是如何引进、培养、留住人，让他们良性发展，给他们创造比较好的发展空间和平台。

提问：作为创业公司，作为创始人，您觉得现在您的使命是什么呢？

我的使命是什么？我现在已经构建了一套体系，也把我们的公司做成了一个在国内有一定影响力的品牌。下一步我的使命就是希望能够把品牌不断地通过制度化的形式延续下去，也就是延续构建体系、品牌打造。

4. 您觉得评定一个创业公司高层领导称职的标准应该包含哪些？

关于称职，我们有多种维度评价，第一个，也是最核心的一个就是是否完成既定的营业额和目标。第二个就是对团队的培养：到底培养了多少人？公司对老干部有新人培养的要求，要求在本岗位上要对下属进行培训。第三个，是必须有学习和提升。

5. 您会觉得一个优秀的创业型领导，它具体会有哪些行为表现？

以我所处的行业来看，第一，创业型领导要有能够接单的能力，能找到客户，第一，业务型人才，保证企业存活，这是最基础的一个点。第二，具备获取、整合资源的能力。资源包括相关的这些供应商的资源等，这是非常重要的一个点。第三，创业型的领导应该具备大多数企业家的基本素质，做好规划、做好战略，做好管理，具备财务管理知识、能力等。

6. 您从自己的经历，或者您接触的创业公司高层领导当中，都有哪些地方表现好，还有哪些地方表现不好？

这个话题很大。但是以我亲身经历的来看，我认为表现不好的，有以下两点：一是一些创业型领导在企业管理过程中，容易为短期利益所惑，以挣钱为第一目的，而且总喜欢赚快钱，常常将自己陷入唯利是图的境地。二是一些创业型领导对学习提升这个事的认知度不高，甚至有恐慌心理。我曾经经历过这样的案例，一个老板朋友，原本计划好报名参加学习项目，报名等准备工作完毕，但是临到付诸行动时，却害怕学不好、坚持不下去等等，最后选择放弃了。很多创业领导，未能真正看到学习带来的益处，宁愿把更多时间、精力放在吃饭喝酒等交际方面。只有少部分领导坚持学习，慢慢发现学习是有用的，不断进步是有用的，能帮助自己不断追求品质。

我认为表现得好的地方，在于善于构建自己的团队，教育和培养他们，然后他对领导有信任感，领导也信任他们。另一个，就是有长远战略眼光，能看到下属看不到的地方，比如能看到一些眼前看起来不赚钱但对未来意义重要的项目，并坚持去做。他肯定会获得持续的成功。

7. 您认为创业型领导应该具有什么样性格特点？

第一，我觉得要有自信，这是最核心的一个根本。你相信你能把事干好，不管结果是什么样，这一点很重要。如果从一开始就认为自己干不好，那就是真的干不好的。我以前开了个爱的婚庆公司，当时我就想，我肯定能做好！我不论做什么事情，只要认定了，一定能把它做好。

第二，还要乐观一点，世界还有很多你意想不到的事情，但只要做正能量的事情，肯定会有好报的。虽然做了，不一定有结果，但你不努力做，肯定是没有结果，努力做，90%还是会有结果的。作为创业领导，一定要相信这一点！只要不断追求品质，不断进步，做所有正能量的事情，也许会有点艰辛，肯定会有回报。

第三，认知跟时代同步。需要不断地去跟上这个时代最好的人。找到自己所处行业，或者找到自己资源体系里面最好的模范去学习。经常在一起喝茶、聊天，也是一个进步的过程。总的来说，要有不断学习的心态和想法，这个也很重要。

提问：如果是从性格的这种内向和外向这个角度来说，您觉得内向和外向会不会影响成为一个优秀的创业型人才？

我认为不会。

提问：您对自己的定位，觉得您是一个外向型还是内向型性格的人？

我本质上是内向型，但是我表现得很外向。我现在觉得我会更外向一点，我现在是外向型的人。我认为，内向其实本质上是害怕，是害怕，不够自信。

我年轻的时候也非常努力地去包装自己的形象，也是想让人们觉得你自己很能干了，我现在根本不追求外在包装，我现在内心很笃定。我现在追求的是真能把事情搞定。

8. 您觉得创业型领导会对创业公司哪些方面产生重要的影响？

在前面已经聊到的基础上，再归结一下，如果创业型领导同时又是公司的创始人的话，他的角色决定了公司的所有，最基础的，比如公司主营业务是什么，企业文化是怎么样的，公司是追求雷厉风行、积极向上的，还是做一锤子买卖，只关注短期利益，不谋求长远去发展，等等，创业型领导的个人风格会完全渗融到整个公司的架构当中。可以说，创业型领导是什么样，公司就是什么样，领导的最高水平在哪儿，公司的最高水平就在哪儿。业务、文化、方向、战略都会受到影响，公司的所有都是因他而生，也是因他而灭的。

我一直很有危机感，怀揣着恐惧感。现在，我不知道我还能往前走多远，目前在××市，我们现在发展的量级和体系，它就是一个比较相对稳定和固定的状态，它可能会有增长，比如 10%、30%。总体来看，现在所处的城市业务发展是有限的，很快会遭遇瓶颈期。要走向更高层次的话，必须是去融入北上广深。但是真要脱离××市这个熟知的环境，必须进行本质性的蜕变。

在这个会展行业，必须要有强烈的居安思危意识。这个行业最大的焦虑点在哪儿呢？在于客户不稳定。今年可能是一些公司，明年是另一些公司，客户的重复率是很低的，也就是你不确定你的下一个客户是谁？当然，这样也会让我们不断地有战斗力和新的想法。实际上我想得很简单，就是怕也没用，还不如好好地、积极地去面对，说不定能死里逃生，干出一番事业。

9. 从企业的内部或者从外部来看，您觉得制约公司高层发挥作用的因素有哪些？

我觉得第一个制约因素就是所处区域的市场容量。容量太小，会影响高层对企业发展的管控。

第二个制约因素就是外部环境，比如说政府的因素，当地政府的营商文化、办公效率等，都会制约企业领导作用的发挥。

10. 根据您的观察、您自身的经验，或者是您管理组织的体会，从三个层面来看怎么促进组织的整体创新、团队的创新和员工个体的创造力。

我认为，第一，让员工多出去接活干，多出去看，而且不只是或者是做本地的活、个人的活，特别要做全国范围的活，并在其中学习、培训。有些活动我们是免费去做的，只要你提供食宿和机票，我们都可以飞去帮你免费执行，我们把它当作一个员工培训的平台。比如，每年 3 月 6 日的自驾游自驾日，那就是我们一个同行做的，做得很好，以通过设计了自驾日，把中国的汽车文化做得很好，目前已经成功地实现了从供应商、会展公司转型成为自主 IP 创意的领军人物。我们通过学习这种非常好的模式，参与它整个活动，看到整体的思路和布局，也看到了它未来的方向。在这个过程中，收获我们公司、员工的成长，激发创新活力。

第二，跟最好的客户合作，这也是非常好的激发创新、创造力的一个方法。客户是最好的学习资源。我们鼓励所有的项目经理，必须去拿最好的客户，你能把最好的客户都拿过来，必定会把自己的潜能给激发出来。员工抓住它就给你最多的钱，给你最好的实习机会，你既拿钱还学到东西多好。

第三，持续学习。公司组织员工读书，参与公司价值观体系的构造中去。每个月指定读某本书，并开展读书分享会——在一段时间内员工读一本书，然后一起来交流。读书要求也不高，做好读书规划，先读完一本再读另一本。在这个过程中，有些员工读不进书，静不下心学习，可能就会选择离开。读书、学习成为激发创造力的途径，同时也成为自动筛选员工的过程。

第四，设计并启动鼓励创新创造的激励机制。只要创新的结果是利润高的，员工拿的钱必定是最高的。物质金钱的奖励，就是对创新创造的鼓励。

11. 请您谈谈创业型企业高管团队中内部的工作关系和互动的方式是怎么样的？

工作关系我们比较扁平，因为公司实行项目负责制。我跟×总相处比较坦诚，既是夫妻也是同事，她有什么问题会直接问我。我们的沟通方式也很简单，有什么直接沟通，基于共同更好发展的共识，互相监督，互相鼓劲，直接批评做得不好的。在这种前提之下很多事情沟通很好。

整个高管团队，每个季度会安排外出开展一次活动，主要是让大家去吃好喝好玩好，开一个分享会，讲讲自己的发展史，从哪里来，未来想干什么，等等。还有开个"三欣会"，欣赏你的美，欣赏你的好，欣赏你的成就，真诚的、负责任的互相夸奖。

12. 在中国创业是不是会有一些独特的挑战？有一些独特的管理任务，或者一个中国的创业型领导和国外的创业有一些什么不同？

我没有接触过美国的管理者，也没有接触过其他国外的管理者，不太清楚管理体系是什么样子。在中国这个环境下，我觉得目前政府的支持力度挺大的，没有给创业者设置任何障碍，只要愿意想，愿意去做，政府就能帮助你去实现，这个是一个非常好的现象。

税收政策有问题，创业者可以直接找税务大厅，办税人员会很热情地提供帮助；对消防知识有要求，消防队免费来给你讲课，等等。当地政府办公的效率也很高，整体营商氛围、创业的环境服务也越来越好。